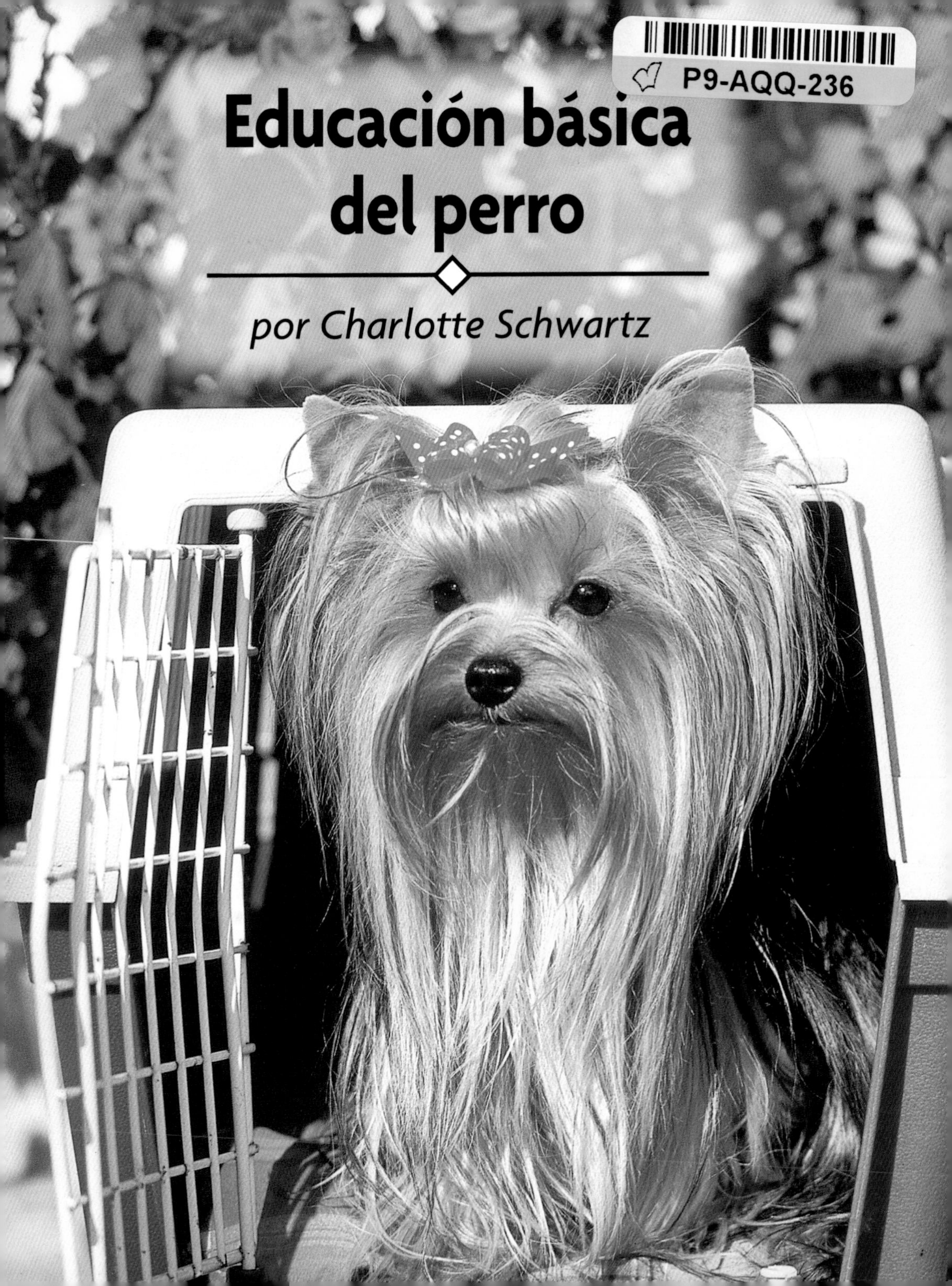

Educación básica del perro

por Charlotte Schwartz

Índice

Educación básica del perro

¡Qué emocionante momento cuando dé la bienvenida a su hogar a un nuevo cachorro! Tómese el tiempo para disfrutarlo, pero esté preparado para el trabajo que tendrá por delante.

Introducción

¡Felicidades! Hay un nuevo perro en su vida, y eso es algo emocionante. Quizás sea un cachorro pequeñito, de sólo ocho semanas, o puede que sea un perro adulto que necesitaba un nuevo hogar y usted lo adoptó. Sea como fuere, el futuro inmediato supondrá un periodo de adaptación para usted, para su familia y para su nuevo perro.

En primer lugar, deberá aprender cuáles son las necesidades del perro, cómo se relacionan con usted y su estilo de vida y, sobre todo, cómo puede llevar a cabo los ajustes necesarios para tener éxito con el nuevo miembro de la familia. El perro deberá ir conociéndole a usted y al resto de componentes de la familia, y, cuando lo haya logrado, deberá adaptarse a su rutina y a sus hábitos. Todos los miembros de la familia deberán tener paciencia y cooperar, ya que todo este proceso dará lugar a una unidad familiar cohesionada. Por último, los niños deberán aprender a jugar tranquilamente con el perro, de forma que éste nunca aprenda a ser salvaje ni agresivo.

Cosas como el programa de alimentación, el acicalado, los momentos para jugar, las prácticas del adiestramiento de obediencia y, por supuesto, la educación básica, ocuparán las próximas semanas, hasta que usted y el perro se acostumbren el uno al otro. Aprenderán muchas cosas: algunas serán lecciones nuevas, y otras serán viejos hábitos que habrá que romper. No obstante, con paciencia, cariño y comprensión, podrán crear una experiencia mágica y gratificante para todas las partes implicadas.

Este Chihuahua quizás sea pequeño, pero incluso los charquitos pequeños en casa suponen un gran problema. El adiestramiento de los perros miniatura puede suponer un reto, pero son unos compañeros muy gratificantes.

Pongamos, por ejemplo, que el perro que ha escogido es adulto. Le gustó en cuanto lo vio y ahora es suyo. Al principio puede que eche de menos a sus antiguos propietarios, pero pronto aprenderá a quererle, ya que ambos están creando un vínculo. Una de las primeras cosas que deberá hacer es ocuparse de su educación básica. Puede que haya recibido esta educación, o quizás no, en su anterior hogar, pero ir a vivir a su casa supone una nueva experiencia y no está seguro de dónde puede hacer sus necesidades.

Este libro ha sido escrito para que pueda llevar a cabo ese proceso de forma rápida y fácil para usted y su perro. Ayudándole a comprender qué piensa el perro sobre hacer sus necesidades, verá que la educación básica no es algo difícil e imposible como mucha gente cree. Además, su nuevo amigo entenderá la diferencia entre salir de casa para jugar y salir para evacuar. Y lo conseguirá más rápidamente de lo que pudiera pensar. Además, aprenderá mucho sobre su perro durante este proceso.

Hemos hablado de la educación básica de los perros adultos. Ahora ocupémonos de la de los cachorros: es un tema completamente distinto.

Tanto si es un cachorro como un adulto, todos los perros pueden y deben recibir una educación básica. El método varía ligeramente dependiendo de la edad del perro, pero la clave es la constancia.

LOS LAMIDOS Y LOS PASEOS

Al nacer, los perros, ya sean salvajes o domésticos, no pueden evacuar por sí solos, por lo que su madre les limpia y consume sus excrementos. Esto mantiene la guarida limpia y los cachorros aprenden a no ensuciar el lugar donde duermen desde el momento de su nacimiento. Cumplidas las cuatro o cinco semanas, puede empezar a hacer sus necesidades por su cuenta fuera del nido o la guarida. Aprovéchese del deseo del perro de evacuar fuera de su guarida usando este instinto natural para proporcionarle su educación básica rápida y fácilmente.

Los cachorros suelen llegar a su nuevo hogar a la edad de entre ocho y veinte semanas. Son cálidos, como un muñeco de peluche, amistosos y bonitos, y ¡parecen un grifo que nunca deja de gotear! De hecho, un cachorro de diez semanas orinará, más o menos, cada hora (por no decir que lo hace con más frecuencia). Un cachorro de dieciseis semanas puede aguantarse más, pero, al igual que el perrito más joven, no le dirá en qué momento evacuará. Simplemente, se pone en cuclillas siempre que sienta la necesidad y en cualquier lugar que escoja. Sin importar cuánto se esfuerce en intentar enseñarle que debe esperar alguna señal cuando necesite evacuar, él no tiene ni idea de cómo avisarle de sus inminentes necesidades: parece que es un comportamiento que no entra en su agenda.

Al contrario que el perro adulto, el cachorro debe desarrollar toda una serie

Su nuevo cachorro vendrá acompañado de muchos abrazos... y también de los inevitables charcos.

Además de las comodidades para los animales, como una cama confortable y los juguetes, la estructura de las normas del hogar y un programa diario son lo que hará que un cachorro tenga confianza en sí mismo y que se sienta seguro en su hogar.

de hábitos en su estilo de vida que encajen en su familia, al tiempo que hay adaptaciones prácticamente diarias en su cuerpo, que está creciendo… y todo eso es mucho trabajo para un animalito tan pequeño. Necesitará de su paciencia y comprensión más que nunca si queremos que crezca para convertirse en un excelente compañero. Al contrario que el perro adulto, el cachorro no tendrá unos viejos hábitos que será necesario corregir: en lugar de ello, dependerá de usted, quien deberá enseñarle cómo encajar en su ritmo de vida. En esta etapa tan temprana, el cachorro aprenderá cada lección con facilidad y ganas.

La estructura es clave en el estilo de vida de su cachorro. Debe asentar unos momentos para las comidas, el acicalado, el juego, el descanso, e incluso las caricias y abrazos que tanto gustan a los cachorros. Debe aprender sus lecciones de obediencia y buenas maneras, pero la mayor presión viene de las lecciones de educación básica.

Este libro ha sido escrito para usted y su nuevo perro o cachorro. Podríamos decir, bromeando, que es la lectura perfecta para llevarse al lavabo. Contiene capítulos sobre el adiestramiento de los cachorros, además de secciones que se centran en los perros adultos y la solución de problemas. Cualquiera que sea su necesidad, este libro ofrece una serie de métodos y medidas constructivas y productivas para animarle a ayudar a su nuevo amigo a aprender su educación básica de forma rápida y fiable.

LAS NORMAS PARA LA EVACUACIÓN

La primera lección que un cachorro recibe en su vida es la de controlar sus hábitos de evacuación. El aprendizaje empieza con su madre, y continúa cuando el animal se va a vivir a su hogar. Es importante que las personas que forman la nueva manada humana del perro tengan la misma constancia que la perra respecto a las normas de limpieza.

Los perros son animales que viven en guaridas y les encanta la seguridad que les proporciona una jaula.
Para aquéllos que tengan dudas: fíjese, simplemente, en este Epagneul Breton descansando cómodamente en su zona especial y sintiéndose como en casa.

COMPRENDER LOS ASPECTOS BÁSICOS

PENSAMIENTOS CANINOS

Siempre que intentemos enseñar algo a un perro, necesitaremos averiguar qué piensa el perro al respecto. Esto no es tan fácil como pudiera parecer. Los perros no pueden, por ejemplo, decirnos lo que sienten al aprender cuándo y dónde deben hacer sus necesidades. Como consecuencia, sólo podemos imaginar lo que piensan sobre esta función natural básica, si es que piensan algo al respecto.

Si pudiéramos hablar con un perro podríamos encontrarnos con que los perros no piensan nada sobre el acto de orinar y defecar: es una función corporal normal, y ellos, al igual que otros mamíferos, poco pueden hacer con la necesidad de evacuar. Cuando sucede, el cuerpo se alivia de forma natural y el animal prosigue con sus actividades habituales.

Como las personas llevan perros a sus hogares, éstos deben aprender lo que es aceptable y lo que no en lo que respecta a hacer sus necesidades. La mayoría de la gente quiere que el animal evacue fuera de casa. En el caso de algunos perros muy pequeños, los propietarios quieren que sus diminutas y limpias mascotas usen zonas especiales de la casa para este fin. Los propietarios de perros de razas miniatura usan objetos como esterillas absorbentes, papel de periódico y bandejas de arena para gatos para su educación básica.

En cuanto a la evacuación, para los perros es, simplemente, una función corporal. Saben que deben evacuar, pero no piensan mucho (si es que piensan) en ello.

COMO EL MECANISMO DE UN RELOJ

Un cachorro joven necesita defecar entre 15 y 30 minutos después de haber tomado su comida. Prestando mucha atención a los hábitos normales de evacuación del perro, podrá predecir con precisión los momentos en que tendrá que sacar a su perro fuera. A medida que el cachorro madure, el periodo durante el cual podrá aguantarse después de haber comido se prolongará.

Será un propietario feliz aquél cuyo perro esté acostumbrado a una vida limpia dentro de casa y que sea fiable en cuando a sus hábitos en el hogar.

En otras circunstancias, algunas personas, quizás mujeres o ancianos, que viven solas, especialmente en grandes ciudades, pueden no sentirse cómodas sacando a pasear a su perro por la noche. Así, enseñar al animal a evacuar sobre papel es una solución práctica por la seguridad personal y para quedarse tranquilo. Estas personas precavidas pueden escoger un lavabo, el cuarto de la lavadora o un trastero como lugar para que el animal haga sus necesidades. Mientras el animal comprenda qué es aceptable y el propietario mantenga la puerta de este lugar abierta en todo momento para que el perro pueda acceder a su «lavabo canino», la educación básica dentro de casa funcionará bien.

Sólo los perros de razas pequeñas o enanas resultan adecuados para esta rutina de hacer las necesidades dentro de casa. Enseñar a un cachorro de una raza grande a evacuar dentro del hogar no sería muy práctico cuando haya cumplido seis meses. La cantidad de orina y heces que produce un perro grande pueden resultar inconvenientes cuando llegue el momento de limpiarlas.

Su perro probablemente no piense gran cosa sobre el hecho de evacuar. No obstante, le podemos adiestrar para que reconozca cuándo siente ganas de hacer sus necesidades y cómo comunicárselo. Ése es el secreto de la educación básica:

Si dispone de un jardín, sacará allí a pasear a su perro con la correa puesta para mostrarle el lugar escogido para que haga sus necesidades. Si no dispone de jardín, deberá sacar a su perro a pasear con la correa puesta cuando sea la hora de evacuar.

Planee un programa de alimentación y para evacuar que resulte adecuado para su perro y que también encaje en su agenda diaria y su rutina hogareña.

enseñar al perro a comunicarse con usted y a que no evacue en lugares inadecuados.

LAS HORAS DE LA COMIDA

El cuándo alimente a su perro influirá en cuándo necesitará evacuar. Independientemente de si está llevando a cabo la educación de un cachorro o de un perro adulto, el programa de alimentación supone una diferencia. En general, el alimento es defecado entre tres y seis horas después de haber sido ingerido. La cantidad de tiempo que pasa entre la ingesta del alimento y su defecación varía enormemente debido a varias razones. El tipo de alimento ingerido, la cantidad, el propio metabolismo del animal y sus actividades durante el periodo de la digestión juegan un papel en la necesidad de evacuar.

Por ejemplo, cuando el animal está físicamente activo, su organismo se «acelera» para no perder el ritmo. Las funciones corporales se dan con mayor rapidez que cuando el animal está tranquilo y ha descansado. Cuando el cuerpo capta los «momentos de holgazanería», las funciones corporales se ralentizan. En estas ocasiones, la materia se mueve con más lentitud por el aparato digestivo, con lo que se prolonga el proceso de evacuación. Por tanto, una caminata a ritmo vivo o una sesión de juegos de cobro puede hacer que surja la necesidad del perro de evacuar, mientras que el sueño nocturno ralentiza las cosas, de forma que el perro no siente la necesidad de evacuar tan rápidamente.

Esta misma rutina se aplica también al consumo de agua. Por tanto, resulta prudente restringir la ingesta de agua a última hora de la tarde. Si el perro consume grandes cantidades de agua entre la hora de la cena y la de irse a dormir, hay posibilidades de que se despierte varias veces durante la noche porque quiere salir fuera de casa. Deje siempre agua a disposición de su mascota, pero limite la cantidad por la tarde. Unos sorbos de vez en cuando, u ofrecerle un cubito de hielo para que lo lama, pueden saciar su sed, al tiempo que no sobrecargará sus riñones ni su vejiga.

Hacer que el animal siga un plan programado para sus comidas es la mejor forma de controlar su evacuación. Los cachorros jóvenes suelen necesitar tres comidas diarias, pero eso deja pronto de ser así. Antes de que se dé cuenta, su cachorro tendrá la edad suficiente como para pasar a un programa de dos comidas diarias: una por la mañana y otra por la tarde. Los perros adultos también deberían seguir un programa de dos comidas diarias.

Aportar grandes cantidades de alimento de una sola vez, como cuando aportamos sólo una gran comida diaria, sobrecarga el aparato digestivo del perro y puede provocarle diarrea, alteraciones gástricas y grandes molestias. Lo que todavía es peor es que puede darse una torsión gástrica si el estómago se da la vuelta sobre sí mismo, lo que evitará que el alimento y los gases puedan salir por el intestino o la boca. Los perros de razas grandes tienen una mayor tendencia a sufrir una torsión gástrica que los de razas pequeñas, aunque cualquier perro puede verse afectado. Es una situación que pone en grave peligro la vida del animal y que debe ser tratada quirúrgicamente de inmediato.

La actividad física estimula la necesidad de un perro de evacuar durante una sesión de juegos o justo después.

El plan de dos comidas diarias es el mejor para mantener una buena salud y también es el más cómodo para los propietarios. La mayoría de las personas están en casa a primera hora de la mañana y vuelven por la tarde, así que dar de comer al perro en esos momentos resulta conveniente para todos. Una vez haya asentado un plan de alimentación regu-

EL CURSO DE LA DIGESTIÓN

La digestión completa del alimento consumido por el perro puede llevar 18 horas. Por tanto, si el cachorro se traga algo que no sea comida, examine cuidadosamente sus heces durante varios días para asegurarse de que defeque el objeto.

Todas las necesidades del cachorro son cubiertas por el criador antes de que los perritos tengan la edad suficiente como para marchar a sus nuevos hogares.

lar para su perro, ya sea cachorro o adulto, podrá comenzar a observar cuándo defeca. Estando atento a los hábitos higiénicos de su perro, podrá programar los momentos en los que deberá sacarle a la calle a hacer sus necesidades.

A lo largo de los años, la autora ha vivido con muchos perros, grandes y pequeños, y lo que se suele ver es que evacuan a primera hora de la mañana y, después, lo hacen tras su cena. Les ha alimentado a todos con dos comidas diarias desde que cumplían los cinco meses. En cuanto a los de menor edad, que toman tres o más comidas diarias, evacuan con mayor frecuencia. Afortunadamente, este patrón de frecuencia dura poco, y acaban teniendo, al poco tiempo, una agenda más razonable y predecible.

Recuerde, simplemente, que cuando dé comida a un perro, deberá evacuarla en algún momento no muy lejano. El buen propietario establece una rutina que resulta conveniente para su agenda, de modo que está allí a las horas de las comidas y cuando el perro debe salir a la calle a hacer sus necesidades. Los horarios de alimentación influyen en los momentos de la evacuación.

Para los perros de todas las edades es un instinto natural hacer sus necesidades fuera de casa, lejos del lugar en el que viven.

HÁBITOS CANINOS DE EVACUACIÓN

Una de las principales razones por las que los perros se han convertido, con el tiempo, en los mejores amigos del hombre, es que son limpios por naturaleza. Los animales domésticos de abasto suelen hacer sus necesidades cuando y donde quieren. Los perros, por otra parte, son quisquillosos por lo que respecta a los lugares donde evacuan. Por ejemplo: los canes no harán sus necesidades en las zonas donde comen o duermen. Aprovechando este instinto higiénico básico, podemos enseñarle cuándo y dónde evacuar, de forma que también resulte conveniente para el propietario.

La educación básica del cachorro es sencilla, debido a su necesidad de mantener limpia su zona de descanso. El adiestramiento de jaula es el método más eficaz que se usa para obtener resultados rápidos y sin problemas para el propietario y el animal. En ciertos casos, como el del perro adulto que nunca ha recibido un adiestramiento de jaula, el uso de ésta quizás no sea factible. Puede que el perro sea demasiado grande para caber cómodamente en una jaula o transportín que quepa en su casa; o quizás se altere tanto al estar encerrado en una jaula que no pueda tolerarlo. No importará cuánto se lo pida ni cuántas golosinas le dé: no conseguirá hacerle cambiar de idea, así que se verá forzado a dar con una solución alternativa para proporcionarle una zona de descanso. Del mismo modo, algunos cachorros de razas grandes no deberían recibir adiestramiento de jaula, ya que el confinamiento podría alterar el buen desarrollo óseo y articular. En tales casos, el hecho

Las rutinas de alimentación y de evacuación suelen ir de la mano. Los cachorros jóvenes tienen que hacer sus necesidades poco después de haber comido o bebido, así que deberá planear las cosas de acuerdo con ello.

de tener al perro en una zona pequeña pero abierta y proporcionarle un lecho suave puede ser la mejor opción.

Sin importar qué decida usar como «dormitorio» de su perro, su tamaño será el factor clave del éxito. La zona debe ser lo suficientemente espaciosa como para que el perro se tumbe, se estire, se levante y pueda estar de pie sin que su cabeza toque con la parte superior, aunque debe ser lo bastante pequeña como para que el animal no pueda hacer sus necesidades en una punta y dormir en la otra, lejos de sus excrementos.

El perro no se tumbará ni dormirá sobre sus propias heces. Por tanto, si le ofrece oportunidades frecuentes para que evacue fuera de su «habitación», aprenderá rápidamente que es fuera de casa (o en papel de periódico, si lo hace dentro) el lugar al que ir cuando necesite orinar o defecar. Esto refuerza, además, su instinto innato de mantener limpia la zona donde duerme, lo que le ayuda en el desarrollo del control de sus esfínteres que acabará dando lugar a unos hábitos de vida limpios. Por último, proporciona seguridad al perro y a su hogar.

MI ESQUINITA PRIVADA

Su perro considera la jaula como su guarida privada. En la naturaleza, los perros buscan lugares pequeños, cálidos y oscuros en los que descansar y sentirse seguros. Cuando su jaula supone una réplica de una guarida, la usa con fines parecidos. Por otro lado, debería considerarla como un lugar seguro para usted, el perro y su hogar: situación en la que todos ganan.

A la mayoría de los perros les gustan las jaulas de alambre porque pueden ver lo que sucede a su alrededor. Con una manta cómoda, una pequeña recompensa y un juguete que le encante, se acostumbrará a su «casa dentro de casa».

JAULAS

Las jaulas pueden ser de alambre, nailon, malla o fibra de vidrio (estas últimas son los transportines que suelen usarse en las aerolíneas). La jaula debería tener en el suelo una toalla limpia, pero nunca un lecho formado por una almohada, ya que esto daría al animal la oportunidad de destrozar el lecho, y su relleno acabará esparcido por todos los sitios. Si el perro mordisquea la toalla, podremos sustituirla fácilmente. Al final, el perro dejará de morderla y, a medida que vaya madurando y se vaya acostumbrando a su jaula o transportín podrá reemplazar la toalla por una almohada suave o una esterilla.

Nunca recubra la zona donde duerme con papel de periódico. Las camadas de cachorros suelen criarse sobre este tipo de papel y, una vez en casa, el perrito asociará rápidamente el papel con hacer sus necesidades. Nunca coloque papel de periódico en ningún lugar mientras esté adiestrando al animal para que evacue fuera de casa, ya que no hará más que confundirle. Si usa papel de periódico para la educación básica de su mascota, úselo sólo en la zona designada para que haga sus necesidades.

La jaula debería colocarse en una zona de su hogar en la que haya actividad: la cocina, el salón o el cuarto en el que la familia pase la mayor parte del tiempo. La cocina es ideal, ya que su suelo es de fácil limpieza. Si el salón no tiene alfombras, también será una buena opción. Como el perro es un animal social, necesita sentirse parte de su nueva camada. Necesita verle, oírle, olerle y sentir que no está aislado ni solo. Lo más importante es que nunca debería considerar su jaula como un lugar de castigo: debe ser un lugar seguro y cómodo, y nunca desagradable.

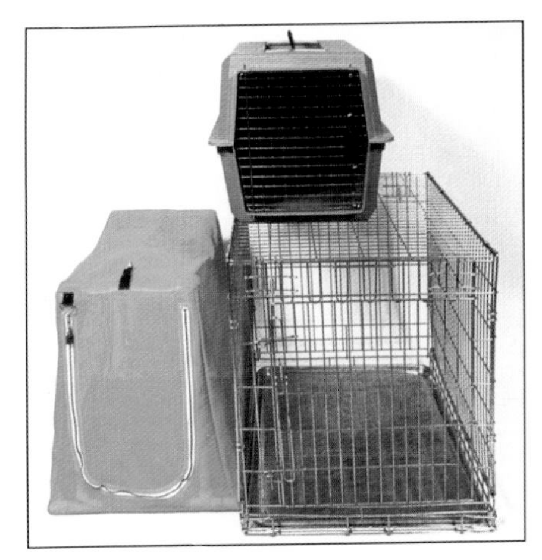

Los tres tipos más comunes de jaula: la de malla (izquierda), la de alambre (derecha) y la de fibra de vidrio.

La jaula debería usarse no sólo para que duerma por la noche, sino también para que sestee o descanse cuando haya demasiada actividad en casa y no quiera que el cachorro esté en medio. La mayoría de los perritos y de los ejemplares mayores pueden ser adiestrados para

Otra de las numerosas ventajas de la jaula (o transportín) es que también es buena para la seguridad durante los viajes. Lleve consigo agua para su perro y el resto de cosas que necesite, dependiendo de la duración del viaje.

aceptar la jaula. Una vez lo haya logrado, podrá incluso ver que buscarán, alguna que otra vez, la comodidad que les aporta su jaula cuando necesiten apartarse del movimiento de la vida familiar. Cuando esto suceda, sabrá que ha hecho un buen trabajo con el adiestramiento de jaula.

Cuando empiece con el proceso de adiestramiento, coloque la jaula en el lugar en el que el perro pase la mayor parte de su tiempo. Deje la puerta abierta y permita que el animal se acostumbre a tener la jaula cerca. Echar una galletita para perros en el interior del transportín le animará a entrar para cogerla. Poco a poco puede ir poniendo la golosina cada vez más adentro de la jaula, para que así el perro tenga que entrar completamente en su interior para tomarla. De ese modo se acostumbrará a la idea de que la jaula es un lugar bueno y de que no le hará ningún daño.

VIGILARLE MÁS DE CERCA

Limitar la libertad de su perrito, de modo que no tenga acceso a todas las habitaciones de la casa, reducirá el número de «accidentes». Mantenerlo a su lado siempre que no esté en el interior de la jaula, le ayudará a reconocer sus señales de que quiere salir de casa, y evitará que evacue en el interior.

Igual que educamos a nuestros hijos y marcamos unas pautas, debemos mostrar al perro cuándo es el momento de jugar, comer, dormir, hacer ejercicio e, incluso, entretenerse por su cuenta. Podrá ver entonces que su zona de descanso se convertirá en una herramienta fundamental en el proceso de adaptación a su estilo de vida. Asiente un control tan pronto como traiga el animal a casa, y verá que se adaptará fácil y rápidamente a usted, su nuevo líder de la manada.

Es importante que su cachorro no se sienta aislado en su jaula. Puede seguir formando parte de la actividad familiar mientras está cómodamente confinado, con la vista puesta en su adiestramiento y seguridad.

Una madre y sus cachorros en una jaula grande sobre un suelo de gres con papel de periódico. Esto hace que la limpieza sea sencilla y que los cachorros no puedan irse de aventura, para hacer sus necesidades, fuera de su recinto.

ZONAS DE DESCANSO ABIERTAS DE MAYOR TAMAÑO

A veces nos encontramos con el caso de un perro adulto que ha sido adoptado y va a vivir a un nuevo hogar, y no puede tolerar estar dentro de una jaula. Sin importar cuánto se esfuercen los nuevos propietarios por acostumbrar al animal a la jaula, éste no aceptará el confinamiento. Es muy fácil: este perro no recibió un adiestramiento de jaula en su anterior hogar, y ahora no puede aceptarla. Así, necesitará un trato especial para ayudarle a desarrollar un nuevo estilo de vida a su lado. Tenga la total certeza de que con tiempo y paciencia dará con una forma para proporcionar al animal su lugar propio y seguro de descanso.

El perro adulto al que no consigamos adiestrar para que acepte la jaula también necesitará un lugar parecido a la «guarida» del cachorro que le aporte seguridad y, al mismo tiempo, esté cerca de su manada humana. Disponer una pequeña zona vallada en el garaje, un trastero o un sótano no resultará adecuado. Estos lugares, a pesar de ser seguros para el animal, le aislarían tanto que podría sufrir la ansiedad propia de la frustración por aislamiento. Tales situaciones pueden dar lugar (y frecuentemente es

Si usa una zona de descanso sin barreras en lugar de una jaula, haga que sea un lugar cómodo y recogido en el que el perro se sienta como en casa.

Las vallas para bebés son una buena forma de expandir la zona a la que tendrá acceso su perrito, manteniéndolo así en el interior de una habitación vallada puesta a prueba de cachorros.

así) a problemas crónicos graves de mordisqueos y ladridos excesivos, que escarbe e, incluso, que evacue en el lugar donde duerme. No debemos olvidar nunca que el perro es un animal social y que necesita sentirse parte de su manada en todo momento.

Se puede asentar una zona tranquila para descansar en una esquina de la cocina usando unas vallas de bebés para crear su «guarida». Estas vallas son ideales, porque se pueden contraer y alargar, y están hechas de plástico o malla de nailon, lo que permite que el perro vea todo lo que sucede a su alrededor, igual que pasa en el caso de una jaula de alambre.

Otra posibilidad consistiría en un aseo pequeño o una trascocina cercana a la zona en que la familia hace vida. Una vez más, se pueden usar vallas de bebés para crear una sección en la habitación, que proporcionará al perro una zona de descanso, mientras la puerta permanece abierta para que así pueda ver las actividades que lleva a cabo su familia.

Si el perro ha pasado ya por la fase de la dentición (a los ocho meses saldrán los molares, y el animal puede mordisquear mucho en esa etapa), debería resultar seguro colocar una almohada grande o una cama para perros en su área. Un juguete o dos le mantendrán ocupado cuando deba estar confinado. Incluso un cuenco con agua puede estar bien, siempre y cuando la zona no sea tan pequeña como para que el cuenco interfiera con su lecho.

Una vez más, al aclimatar al perro a su nueva zona, colocarle en su interior y darle una golosina como recompensa puede enseñarle que su área de descanso representa cosas buenas. Hay en el mercado algunos juguetes de goma dura diseñados para ser usados cuando el perro debe estar apartado de su manada. Estos juguetes están ideados de forma que pueda meter mantequilla de cacahuete o una galleta para perros en su interior. El animal estará entretenido durante horas para sacar la golosina del juguete y, al mismo tiempo, aprenderá que quedarse solo no es nada malo.

DIFERENCIAS ENTRE LAS RAZAS

La mayoría de los perros de pura raza y los mestizos pueden recibir su educación básica con éxito y de la misma manera. Algunas razas aprenderán la rutina sin esfuerzo de un día para otro, y otras serán un poco obstinadas o ni se enterarán. Conocer las características del

La educación básica de los Whippet y los Greyhound (lebreles) quizá lleve más tiempo, ya que pueden ser un poco obstinados y despreocupados por lo que respecta a la disciplina.

Las razas de perros de trineo pueden mostrar tozudez y, por tanto, suponen un reto para sus propietarios en lo que respecta a su educación básica.

temperamento de su raza puede hacer que esté preparado para lo que le espera. Un Whippet o un Greyhound pueden ser arrogantes y resueltos, e irritar enormemente a sus amos; del mismo modo, un Husky Siberiano, un American Eskimo o un Elkhound Noruego, pueden mostrar unas tendencias iguales de tozudas. De la misma manera, no existen trucos especiales para la educación básica

Los perros de rastro, como el Basset Hound, también pueden suponer un reto en lo concerniente a su educación básica, ya que no hay muchos desodorantes que puedan engañar a su finísimo olfato.

de un Golden Retriever en comparación con un Caniche, aunque los propietarios deberían ser conscientes de que ciertas razas o tipos de perros suponen una dificultad especial cuando intentamos asentar sus hábitos higiénicos. Las razas de sabuesos, por ejemplo, necesitan un poco de paciencia, constancia y desodorantes. Los Beagle, Basset Hound, Bloodhound y las razas de tipo Coonhound no sólo tienen un olfato increíble, sino que, además, tienen una mentalidad orientada hacia las perreras. Los perros de perrera no suelen ser tan melindrosos como los que viven en un hogar, por lo que llevar a vivir a un perro de rastro dentro de su casa requerirá más esfuerzo que en el caso de un Boxer o un Pit Bull, por ejemplo, especialmente si el perro de rastro no ha vivido anteriormente dentro de una casa. Además, el olfato de un sabueso es tan fino que pue-

Un macho pequeño con inclinaciones territoriales puede mostrar una tendencia al comportamiento de marcado territorial que puede frustrar a sus propietarios.

de seguir detectando el olor de sus evacuaciones pasadas sobre el suelo de su hogar durante bastante tiempo. Obtenga información sobre los desodorantes usados para limpiar los excrementos de las mascotas y no sea tímido a la hora de usarlos.

Otros tipos de perros demuestran ser la excepción a la norma: estamos hablando de los machos de las razas miniatura. Si se trata de un macho entero (no castrado), puede desarrollar el hábito de levantar la pata en cualquier momento y lugar que escoja, sin importarle las normas que rigen en su hogar. Todavía peor es el ansia por reproducirse que es extremadamente fuerte en estos perros pequeños y, una vez maduren, empezarán a levantar la pata para marcar su territorio en casa. Por supuesto que este comportamiento de marcado territorial no es igual que el de micción, aunque no deja de ser un problema que deberá ser tratado. Al principio no se dará cuenta de este molesto hábito, por lo que esta conducta nada deseable continuará sin ser corregida. Antes de que pase mucho tiempo pasará a ser un hábito permanente que será extremadamente difícil (por no decir imposible) erradicar.

La micción normal se da cuando el perro vacía la vejiga, para lo que levanta la pata una o dos veces y elimina orina. En contraste, el marcado territorial se lleva a cabo para notificar a otros perros su presencia y para avisarles de que considera que una cierta zona es de su propiedad. En el caso del marcado, el perro levanta la pata varias veces y rocía pequeñas cantidades de orina sobre objetos verticales. En ninguna de estas ocasiones elimina grandes cantidades de orina.

Lo que sucede es que, cuando marca el territorio, levanta la pata sobre cualquier superficie perpendicular al suelo (la esquina de un sofá, una silla, las cortinas, la ropa de cama, una puerta), pero como es pequeño y el marcado consiste sólo en unas pocas gotas de orina, es difícil que se dé cuenta de su mal comportamiento. No es hasta el paso de varios meses cuando la acumulación de orina sobre su mobiliario empieza a generar un mal olor en su hogar.

En el caso de un perro de mayor tamaño que levantara la pata dentro de casa, vería unos charquitos de orina casi desde el primer momento en que aparecieran. En tal caso, reñiría al animal e insistiría para que orinara fuera de casa y no marcara el territorio dentro; pero en el caso de un perro pequeño, no se dará cuenta hasta que el hábito esté bien asentado, ya que un par de gotitas de orina no forman un charco.

Para evitar que este comportamiento vuelva a darse en el caso de los perros mascota de todos los tamaños y razas,

A veces, los machos levantan una pata para marcar su territorio y se ponen en cuclillas si quieren aliviar su vejiga, mientras que otros levantan una pata siempre que orinan. La mejor forma de diferenciación es según la cantidad de orina que eliminen.

La rutina diaria de un perro debe incluir momentos para las comidas, salidas para ir a hacer sus necesidades y paseos fuera de casa para divertirse.

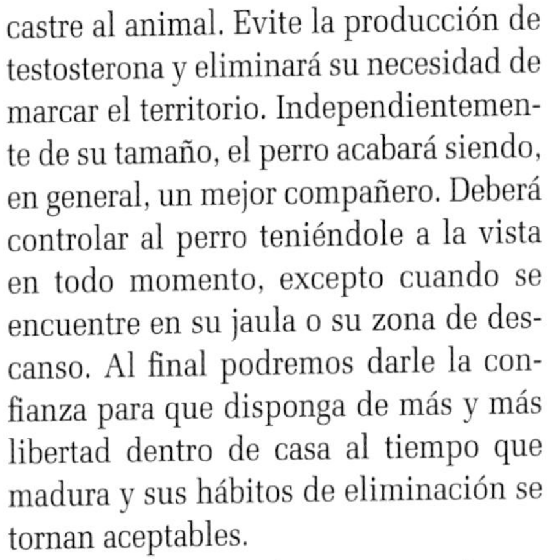

castre al animal. Evite la producción de testosterona y eliminará su necesidad de marcar el territorio. Independientemente de su tamaño, el perro acabará siendo, en general, un mejor compañero. Deberá controlar al perro teniéndole a la vista en todo momento, excepto cuando se encuentre en su jaula o su zona de descanso. Al final podremos darle la confianza para que disponga de más y más libertad dentro de casa al tiempo que madura y sus hábitos de eliminación se tornan aceptables.

Como comentario, ya que estamos hablando del tema de la castración, las hembras también deberían ser esterilizadas. Tanto la castración como la esterilización tienen importantes beneficios para la salud de los perros. Además, la esterilización evita la posibilidad de que la hembra acabe pariendo una camada no deseada, y contribuirá, de este modo, a que la hembra sea una compañera más cariñosa y dedicada para con su familia. Además, nunca más tendrá que batallar con el hecho de que entre en celo dos veces por año.

LA CREACIÓN DE UN PROGRAMA

Debe asentar claramente los horarios y el lugar para que su perro haga sus necesidades en el momento en que le traiga a casa. En cuanto a la zona para evacuar, determine una que sea la que usará siempre para orinar y defecar. Si ese lugar está fuera de casa, asegúrese de elegir una que resulte conveniente por

Una norma importante para la educación básica consiste en que lo que entra sale con bastante rapidez.

ser de fácil limpieza, y para que el perro pueda usarla independientemente de la climatología.

Por ejemplo, escoger como zona para evacuar un borde de una finca grande resultaría muy impráctico si ha habido una gran nevada y usted y su perro deben caminar penosamente por la nieve para llegar hasta él. Elija un punto más cercano a su casa, pero que no esté cerca de un patio ni una acera: un lugar que sea de fácil limpieza y al que se pueda acceder independientemente de las condiciones climáticas.

Para la educación básica dentro de casa, el área que escoja siempre debe estar disponible para el perro. Si, por ejemplo, los miembros de la familia cierran a veces la puerta de acceso a esa habitación, el perro no podrá entrar a su «lavabo». El hecho de que se encuentre con esa zona cerrada algunas ocasiones dará lugar, rápidamente, a un perro que se verá forzado a hacer sus necesidades en algún otro lugar de la casa.

Dependiendo de la edad del animal, necesitará asentar un programa para el adiestramiento que permita al perro un acceso razonable a su zona para evacuar de forma regular. Los cachorros muy jóvenes necesitan ir con una frecuencia de entre una y tres horas. A las diez semanas de edad, un perrito orinará normalmente cada hora. Cuando cumpla las doce semanas, generalmente podrá aguantarse unas dos horas.

Recuerde, además, que la actividad física agotadora y las siestas suelen verse seguidas de inmediato de la necesidad de evacuar. La mejor guía para

La actividad propia de un vigoroso juego de lanzar cosas a su perro para que las vaya a coger y se las traiga (un juego muy apreciado por las razas de cobro y muchos otros tipos de perros) puede hacer surgir la necesidad de una pausa para hacer sus necesidades.

¿Quiere dar una penosa caminata por la nieve cada vez que su perro tenga necesidad de salir? Piense en su comodidad al escoger una zona para que el animal haga sus necesidades, pero asegúrese de que este lugar no esté cerca de la puerta ni de una carretera.

saber cuándo necesita evacuar su perro es ser consciente de que probablemente tendrá que hacerlo justo después de una siesta o tras un rato de juegos, después de una comida y siempre que le vea olfateando y dando vueltas en círculo como si intentara decidir dónde quiere hacer sus necesidades. Vigile también su consumo de agua. El mejor consejo para un propietario neófito es vigilar al perro. No le llevará mucho tiempo detectar los signos de comportamiento que transmite cuando está a punto de evacuar.

El perro defeca varias veces al día, aunque orina con más frecuencia. Debe asentar un programa para los periodos durante los cuales su perro podrá evacuar. Dependiendo de esta agenda, del programa de alimentación del perrito y de otros criterios, puede diseñar un plan que se adapte a los dos. En el caso de un

Los propietarios de perros de razas de gran tamaño aprecian de verdad los beneficios que obtienen con un perro que ha recibido un adiestramiento de jaula y que es limpio dentro de casa. Si no fuera así, tendrían que ocuparse de algunas manchas muy grandes.

cachorro, lo más importante es que sea constante. No puede volver a casa cada día a las 19.00 h excepto los viernes, que sale a divertirse y no vuelve hasta las 0.00 h. El perro se adaptará a su rutina, pero debe hacer que sea la misma día tras día (dentro de unos límites razonables, por supuesto).

Afortunadamente, el programa para que un perro adulto haga sus necesidades es mucho menos exigente que en el caso del cachorro. La mayoría de los canes adultos se arreglan bien con cuatro o cinco periodos diarios para hacer sus necesidades: al despertarse por la mañana, alrededor de mediodía, antes de comer, después de cenar, y justo antes de irse a dormir.

No dé por sentado que el perro vaya a orinar o defecar. Elógiele abundantemente siempre que evacue en la zona adecuada. Necesita aprender que hacer sus necesidades en el lugar correcto le complace. Esperará con ilusión sus alabanzas sinceras cuando lo haya hecho bien, y recibirlas le animará a usar esa zona de nuevo.

Un último apunte: sacar a su perro fuera de casa para que evacue no es lo mismo que hacerlo para que haga ejercicio. La mayoría de los perros necesita hacer ejercicio y disfruta con una o dos sesiones diarias de actividad física al aire libre. Una caminata a ritmo rápido, una carrera, jugar con un juguete que le guste mucho, coger un disco volador o dar un paseo relajado por una calle tranquila son actividades que la mayoría de perros disfrutará, independientemente de su talla.

EL DESARROLLO DE LA FLEXIBILIDAD

Al final, su perro puede acabar desarrollando una flexibilidad razonable en su rutina para hacer sus necesidades. Cuando sea adulto no necesitará evacuar con tanta frecuencia como cuando era un cachorro. La musculatura de su vejiga y su intestino serán más fuerte, y el perro tendrá un mayor control, por lo que podrá aguantarse durante periodos de tiempo más largos. Esta madurez será de utilidad en muchas ocasiones.

Por ejemplo, en los casos en los que el clima sea extremadamente malo, puede posponer su salida varias horas hasta que deje de llover o amaine un poco. Si está enfermo y no puede sacarle fuera, podrá aguantarse hasta que llegue otro miembro de su familia. Si su horario de trabajo varía, el perro podrá adaptarse a otro horario para hacer sus necesidades. Al ir de viaje con su perro, éste puede aprender a evacuar siempre que tenga la oportunidad y en lugares extraños, como en el césped de un restaurante de carretera o de un motel, o en zonas de aparcamiento.

Recuerde que el pleno control muscular sólo llega al alcanzarse la madurez. No puede adiestrar al perro para que lo alcance. Su cuerpo se desarrolla a un cierto ritmo y en forma de un patrón concreto. Tenga paciencia con los cachorros, los perros jóvenes y con los adultos que se estén acostumbrando a un nuevo hogar. Con un plan adecuado y siendo comprensivo, pronto tendrá un perro que habrá recibido su educación básica, que será fiable, y que aceptará cuándo y dónde evacuar.

COMUNICACIÓN ENTRE EL PERRO Y EL PROPIETARIO

HABLEMOS

Aunque los perros no pueden hablarnos, se comunican con nosotros mediante su comportamiento. Aprendemos a reconocer sus signos y señales, sus ladridos, sus gimoteos, el movimiento de su cola, que nos froten con la trufa, sus quejidos, sus refunfuños y sus gruñidos. Aplicamos nuestras teorías y principios al comportamiento y a los signos que entendemos. Por ejemplo, reconocemos el deseo del perro de mantener limpia la zona en la que duerme. A su vez, tomamos ese instinto básico y usamos la jaula para que nos ayude en la educación básica del animal. Elogiamos a nuestra mascota por no hacer sus necesidades en el interior de la jaula, y él empieza a mostrarnos, mediante su comportamiento, cuándo siente la necesidad de evacuar. Luego le volvemos a elogiar. Ése es un ejemplo práctico de comunicación.

La jaula tiene muchas utilidades tanto dentro como fuera de casa. Es una herramienta polivalente y esencial para el adiestramiento de su perro, y para su seguridad y comodidad.

Sin embargo, hay muchas más cosas implicadas en una jaula que el mero hecho de conseguir que el perro no haga sus necesidades en el interior. Los beneficios del adiestramiento de jaula pueden abarcar muchos aspectos relacionados con que un perro viva en casa. Aquí tenemos algunos de ellos:

- El comportamiento destructivo, como mordisquear objetos del hogar como sofás, las patas de las sillas, los rodapiés, las revistas, los periódicos, los zapatos e infinidad de objetos personales puede evitarse mediante el adiestramiento de jaula.
- Las jaulas son perfectas para tener a los perros cómodos y seguros durante los viajes en coche. Estar en un hotel o un motel cuando se lleve a su perro puede resultar mucho más fácil si el perro se acostumbra a quedarse, en su habitación, dentro de su transportín. Además, algunos hoteles no admiten macotas que no están en jaulas.

Colocar a un cachorro en el interior de una jaula potenciará sus buenos hábitos, y evitará que se implique en conductas destructivas, como mordisquear objetos inadecuados.

- El adiestramiento de jaula de su perro puede hacer que el trauma de tener que ser hospitalizado altere mucho menos al animal. Cuando el perro se encuentre en la clínica veterinaria para recibir un tratamiento, estará en el interior de una jaula. Si un perro nunca ha recibido un adiestramiento de jaula, encontrará su estancia en la clínica todavía más estresante de lo que resultaría si estuviera acostumbrado a un transportín. El estrés es lo peor para un perro enfermo.
- Hay muchas ocasiones, en la vida de un perro, en las que buscará la paz y la tranquilidad de su jaula. El «tiempo libre» significa que puede tomarse una pausa si hay mucha actividad en casa. Por ejemplo, podrá descansar sin verse acosado por los niños que quieran jugar con él.
- Por último, la jaula es el lugar ideal en su hogar para el perro si éste no se siente bien. Es su propio espacio privado, y podrá dormir y recuperarse sin ser molestado.

Ciertamente, está empezando a darse cuenta de lo beneficioso que es el adiestramiento de jaula para usted y para su perro. Supondrá toda la diferencia del mundo, para los dos, en la transición del perro a su estilo de vida. Cuando el proceso de aprendizaje avanza lentamente, la experiencia será placentera, y no resultará frustrante ni decepcionante.

No crea que el adiestramiento de un perro adulto es más fácil. Puede que haya desarrollado el control de sus esfínteres, pero necesitará la misma constancia que en el caso de un cachorro.

Una propietaria feliz que tiene un perro que le dirá cuándo quiere hacer sus necesidades... y un perro feliz que tiene una propietaria que le escucha.

SIGNOS CANINOS

Durante este proceso de la educación básica, su perro le hablará de muchas formas, así que deberá estar alerta a lo que le está diciendo, especialmente en lo referente a su necesidad de evacuar. Por ejemplo, cuando el perro empieza a olisquear el suelo y dar vueltas en círculos, puede tener la certeza de que tiene que orinar y/o defecar. Éste será el momento en el que tendrá que sacarle fuera de casa de inmediato.

Si es un cachorro, podrá cogerle rápidamente y salir corriendo fuera de casa hacia la zona en la que hace sus necesidades. Si es un perro adulto, coja rápidamente su correa y salgan fuera. El animal, ya sea un cachorro o un adulto, debería llevar puesto el collar y la correa mientras esté en el lugar en el que evacua. De esta forma no podrá escaparse y hacer sus necesidades donde él quiera. Debería sujetar la correa y quedarse quieto de pie en el borde de su zona. No le hable, ya que sólo conseguirá distraerle. Déjele concentrarse en lo que está haciendo.

Permanezcan sólo cinco minutos, y no más. Si se quedan más tiempo, averiguará que podrá mantenerle fuera de casa tanto tiempo como él quiera, y actuará, simplemente, como si no pudiera decidirse por un lugar en el que evacuar. Es la misma razón por la que sólo deberá ir a una zona y quedarse quieto ahí. De otro modo, el caminar por el jardín o el vecindario se convertirán en un paseo para el perro, y se olvidará de hacer sus necesidades hasta que haya vuelto a casa. Mientras su perro es-

Si su perro no evacua durante los primeros cinco minutos, más o menos, vuelvan a casa e inténtenlo más tarde. Si no, su inteligente perro aprenderá que cuanto más tarde en hacer sus necesidades, más rato logrará estar fuera de casa, olisqueando y explorando.

¡Aquí tenemos una señal difícil de pasar por alto!

té evacuando, elógiele, y luego vuelvan a casa rápidamente, para que así no aprenda que olisquear y dar vueltas dentro de casa es como un billete para salir a dar un paseo.

En cuanto se de cuenta del olfateo y de las vueltas en círculos, debería darle una orden que, de ahora en adelante, siempre significará: «Vamos fuera». Mucha gente dice exactamente esas palabras a sus perros. Otros hacen la pregunta: «¿Quieres salir?» Otros le dicen: «A la calle», etc. La frase que le guste le irá bien al perro una vez la asiente como orden para salir fuera de casa. No obstante, debe ser constante respecto a su lenguaje verbal, además de con su lenguaje corporal.

Recuerde que tanto usted como su perro están desarrollando un lenguaje conductual que será de ustedes dos para toda la vida. Así, pensar un poco en la forma en que habla físicamente con su perro le proporcionará grandes beneficios. Por ejemplo, ponerle siempre el collar y la correa al tiempo que le dice: «Vamos fuera», se convertirá en la primera señal de que va a salir a la calle. Luego, llevarle a la zona donde hace sus necesidades es otra señal de que ha llegado el momento de evacuar, y no de hacer ejercicio ni jugar.

Al final, el perro puede añadir algunos comportamientos nuevos a su repertorio cuando quiera decirle que necesita salir fuera de casa. Quizás vaya hacia la puerta y se quede sentado, esperando a que se dé usted cuenta. O quizás vaya hacia la puerta y ladre, o dance un poco. A veces, un perro irá a coger su correa si se encuentra en un lugar donde la pueda alcanzar. Una vez tuve un Caniche que me traía su correa cada vez que quería salir fuera. No importaba en qué lugar de la casa me encontrara: me encontraba. Miraba hacia abajo y allí estaba sentado mi amigo, con su correa en la boca, mientras esperaba siempre con mucha paciencia hasta que me daba cuenta de su presencia.

Quizás no tenga la suerte que yo tuve al tener un perro «preparado para que le saquen a pasear», pero cualquiera que sean los signos que empiece a reconocer en su perro, asegúrese de

LIMITACIONES DE LA JAULA

Un perro que permanezca en su jaula durante demasiado tiempo puede desarrollar el hábito de evacuar en su interior. Una vez se haya asentado, este hábito será casi imposible de erradicar. Por tanto, asegúrese siempre de que haya alguien que pueda sacar fuera al perro en los momentos programados cuando no pueda estar en casa con él.

elogiarle por su esfuerzo. Mientras se agacha para ponerle la correa, asegúrese de hacerle saber lo contento que está de que le indique su necesidad. Recuerde que los perros quieren complacerle, y que se muestran encantados cuando les dice que lo han hecho. Su alegre tono de voz mientras le elogia es su recompensa por un buen trabajo.

EL PERRO URBANO

Éste es el perro que casi nunca tiene la oportunidad de evacuar sobre césped o tierra. Vive en un mundo de cemento y, por tanto, debe acostumbrarse a hacer sus necesidades sobre esta superficie. La mayoría de ciudades tienen leyes con respecto a pasear a los perros y recoger sus heces. La mayoría especifican que el perro debe evacuar en el bordillo, y no en plena acera. Así pues, los perros urbanos están programados para usar la zona del bordillo que queda justo debajo de la acera.

Al llevar a cabo la educación básica del cachorro urbano, llévele hasta el bordillo para que haga sus necesidades, y luego llévele directamente a casa. Durante los primeros días, no lleve al perrito a dar paseos para explorar el vecindario. Resista la tentación de hacer gala de su nuevo cachorrito. Al volver de inmediato dentro de casa, le estará indicando que bajar a la calle significa que ha llegado el momento de evacuar, y no de olfatear, pasear por el vecindario, ni ladrar a los coches. Hacia el final de la primera semana, tendrá un perro que hará, automáticamente, sus necesidades al salir fuera, y luego podrán dar agradables paseos. Este pequeño truco también hará su vida más fácil durante los días en que llueva y los lunes (cuando vaya un poco apurado), y en otros días en los que haga un frío horrible o nieve. Su mascota bien adiestrada hará sus necesidades de inmediato, en el bordillo más cercano a la puerta de su edificio, y no tendrá que caminar penosamente toda la avenida y esperar a que escoja un árbol especial o un lugar favorito situado a seis manzanas cuesta arriba.

Todos los cachorros se ponen en cuclillas para orinar, y las hembras continúan con este comportamiento cuando son adultas. No debería tener problemas para hacer que su cachorro o que su hembra adulta orinen en el bordillo. Los machos adultos, no obstante, suelen levantar la pata para orinar, así que deberá ser creativo cuando adiestre a su

No sólo los perros de ciudad necesitan paseos para hacer sus necesidades... a veces, los propietarios que viven en una zona residencial no disponen de jardines vallados, por lo que sus perros deberán adquirir el hábito de salir a dar paseos para evacuar en el bordillo de la acera.

El adiestramiento para que evacue dentro de casa es una opción para los propietarios de perros pequeños. En lugar de usar papel de periódico, este Silky Terrier está acostumbrado a hacerlo sobre esterillas absorbentes, que se usan con este fin y que podrá encontrar en las tiendas de mascotas.

perro para que haga sus necesidades en la ciudad. Acérquele al poste de teléfonos, a una boca de incendios o a cualquier hito que se encuentre cerca de su casa. Sea considerado y nunca permita que su perro orine en árboles, coches, buzones, plantas o arbustos. Y asegúrese de recoger todas sus heces siempre y sea cual sea el lugar en el que su perro defeque. Lleve consigo unas cuantas bolsas de plástico o un aparato para recoger las heces siempre que saque a su perro a la calle.

Un perro puede aclimatarse a cualquier condición de su entorno. Los urbanitas deberían llevar a sus perros a las zonas de pipí-can de los parques, o a otras zonas de recreo donde los animales puedan disfrutar de ese pequeño lujo propio de las zonas residenciales que conocemos con el nombre de césped. A los perros les encanta, por instinto, la hierba, ya que es blanda, fresca y conserva el olor de todos los perros que han posado sus patas sobre ella. Esto también es de ayuda si va al campo, para que así, cuando salgan fuera de la ciudad y vayan de visita o de vacaciones, su mascota se sienta perfectamente cómoda evacuando en cualquier zona de la que dispongan.

Del mismo modo, el perro que haya sido adiestrado para hacer sus necesidades sobre papel dentro de casa, probablemente también deba aprender a evacuar fuera de casa. Salir de vacacio-

Este inteligente Cavalier King Charles Spaniel, que vive en Nueva York, sabe cómo llevar una vida limpia en la ciudad.

nes, ir a visitar a amigos y familiares, ir a la consulta del veterinario, y las salidas para ir de compras a la tienda de mascotas son ocasiones en las que su perro, que evacua dentro de casa, quizás necesite hacer sus necesidades fuera de ella. Exponer al perro a entornos tanto urbanos como campestres será

¡LEVANTAD LAS BARRERAS!

Una de las formas más fáciles de manejo de su perro en casa consiste en el uso de vallas de bebés para controlar los lugares a los que le permitirá el acceso. Mantener al perro confinado en una cierta zona de su hogar o en un grupo de habitaciones, como la cocina y el salón, le permitirá vigilarle y ver los signos de que necesita evacuar. Sacarle fuera de casa rápidamente una vez reconozca su señal, reforzará su éxito para acabar teniendo unos buenos hábitos higiénicos. Tener al perro confinado también le mantendrá seguro, ya que habrá puesto «a prueba de perros» las zonas a las que tenga acceso.

también de utilidad en las ocasiones especiales.

Para hacer que la transición resulte fácil para su perro, escoja el momento en el que sepa que necesita evacuar. Póngale el collar y la correa y sáquele fuera de casa, a una zona predeterminada. Quédese quieto y dele tiempo para olfatear y familiarizarse con la zona. Como necesita evacuar, probablemente lo hará poco después de ser colocado en el suelo. Tan pronto como lo haga, elógiele y vuelva a llevarle a casa. Repita esto cada pocos días, hasta que se acostumbre a hacer sus necesidades sobre el papel dentro de casa y en una zona «lavabo» fuera de su hogar. Como la actividad física estimula las funciones corporales, un paseo rápido también potenciará que evacue.

ADIESTRAMIENTO DENTRO DE CASA

Cuando esté adiestrando a su cachorro para que utilice una esterilla absorbente o papel de periódico dentro de casa, use las mismas señales que usaría para el adiestramiento fuera de casa. Póngale la correa y el collar. Enséñele las mismas señales verbales que usaría si le sacara a la calle. Si, sencillamente, le lleva en brazos hasta la habitación donde se encuentra el lugar para hacer sus necesidades y le deja en el suelo, es posible que se pasee por la habitación y evacue allá donde escoja, ya sea sobre o fuera del papel. Debe colocarle sobre la zona con el papel.

Estando quieto de pie cerca de esa zona y teniéndole sujeto por la correa

Un nuevo cachorro debería aportar alegría a toda la familia.

El adiestramiento para que el perro haga sus necesidades dentro de casa implica enseñarle a hacerlo sobre papel de periódico. Deberá llevar al cachorro a su zona para evacuar con la misma constancia y frecuencia, pero el lugar escogido estará dentro de casa, y no en el exterior.

para que así pueda controlarle mientras se prepara para evacuar, le estará enseñando a hacerlo sobre el papel, y no en otro lugar. Al final, a medida que vaya creciendo, podrá enseñarle a usar el papel en otras zonas de la casa e incluso en otros lugares si va a visitar a amigos o familiares a los que no les importe que el animal haga sus necesidades dentro de su hogar.

En otras palabras, le ha enseñado a hacerlo sobre el papel, y no en la habitación. De esta forma sus hábitos higiénicos resultarán muy flexibles, y será un buen candidato para ir de viaje. Simplemente, recuerde llevarle con la correa puesta siempre que le indique un lugar nuevo para evacuar, y elógiele abundantemente cuando use el papel de forma correcta.

EL PROPIETARIO QUE SIEMPRE ESTÁ EN CASA

Si está usted en casa la mayor parte del tiempo, la educación básica será fácil para usted y el perro, ya que estará usted siempre disponible para sacarle a la calle a hacer sus necesidades. Un cachorro joven necesitará salir bastante, a veces cada hora si tiene entre diez y doce semanas. Sin embargo, a medida que crezca, los músculos de su intestino y su vejiga madurarán, y no sentirá la necesidad de evacuar con tanta frecuencia.

Generalmente, un cachorro necesita evacuar cuando se despierta por la mañana, después de cada comida y de beber agua, después de cada siesta, tras hacer ejercicio o jugar un rato vigorosamente, tras una actividad emocionante, como la llegada de invitados o de un miembro de la familia, y justo antes de irse a dormir por la noche.

Los perros adultos suelen tener suficiente con cinco o seis salidas fuera de casa por día: nada más despertarse, después del desayuno, a mediodía, antes de cenar, después de cenar y antes de irse a la cama por la noche. Muchos propietarios, debido a las circunstancias de su hogar o a las limitaciones físicas, deben acostumbrar a sus perros a salir menos veces a la calle, y estos perros no parecen experimentar problemas.

El hecho de que esté usted en casa la mayor parte del tiempo implicará que el perro dormirá menos y se mantendrá más activo simplemente siguiéndole por casa. Esa sencilla actividad le estimulará y generará la necesidad de evacuar con mayor frecuencia que si el perro pasara el día solo.

EL PROPIETARIO QUE TRABAJA

Si es propietario de un perro y trabaja, y está fuera de casa durante muchas horas cada día, debe hacer preparativos para las necesidades de su perro. Necesitará, por ejemplo, despertarse más temprano para disponer de tiempo para sacar al perro a la calle antes de marcharse. Recuerde que cuando el cachorro se despierte, necesitará salir de inmediato. Los cachorros muy jóvenes no pueden aguantarse durante demasiado tiempo.

Dé al perro su desayuno muy temprano por la mañana. La mayoría de los cachorros muy jóvenes orinarán y defecarán durante su primera salida del día. Luego lo volverán a hacer justo después de tomar su comida. Esto es normal y es lo que se puede esperar, ya que alimentará al cachorrito con más frecuencia que a un perro mayor. Además, el perrito come una mayor cantidad por unidad de peso corporal que el perro adulto, ya que está creciendo a un ritmo rápido.

Por último, justo antes de salir de casa por la mañana, proporcione al cachorro la última oportunidad para orinar antes de meterle en la jaula para pasar el día. Si es posible, intente disponer las cosas de modo que alguien pueda pasar por casa a mediodía para sacar al cachorro a la calle. Quizás un vecino quiera ayudarle, ya que es una situación temporal. Puede que tenga la oportunidad de venir a casa a su hora de la comida y pueda sacar al perrito fuera; o quizás tiene algún familiar que pueda

En el caso de un cachorro muy joven, es toda una bendición que el propietario esté en casa todo el día, ya que así podrá pasar más tiempo acostumbrando al perrito a la jaula, podrá vigilarle y salir con frecuencia de casa.

La educación básica de un perro conlleva tiempo, esfuerzo y dedicación, pero una vez que su perro esté adiestrado, se verá recompensado con un compañero limpio y educado que encajará en su familia y con el que le encantará pasar tiempo.

acercarse a casa para el paseo de mediodía. También hay otras opciones, como un pasea-perros profesional o un cuidador canino diurno. Estudie estas opciones en su localidad.

Por favor, no abuse de la jaula: podemos dejar al perrito unas cuantas horas en su interior, ¡pero no ocho horas! Un cachorro de entre tres y cuatro meses puede pasar entre tres y cuatro horas; uno de entre cinco y seis meses, unas seis horas. No deberíamos tener a ningún perrito encerrado durante periodos de tiempo más largos.

Si se encuentra con que el cachorro ha hecho sus necesidades dentro de la jaula, no le riña (ni le castigue de ningún otro modo). Sencillamente, salúdele alegremente y sáquele a la calle rápidamente. Su cachorro es un animalito inteligente y puede interpretar sus estados de humor y su tono de voz. Controle su genio y no grite (incluso ni para sus adentros) mientras recoge las heces o la orina. Esto no haría sino estresar al perrito, que ya de por sí no estaba pasando un buen rato en la jaula sucia.

Puede limpiar la evacuación después de que el cachorro haya tenido la oportunidad de salir a la calle. Deje al cachorro en otra habitación, para que así no le vea limpiar la jaula. De este modo, no pensará que hacerse sus necesidades en la jaula le proporcionará atenciones extra. Sencillamente, manténgale fuera de la vista, no diga nada sobre su «accidente», y proceda con la limpieza. Tenga la certeza de que a medida que crezca no necesitará salir con tanta frecuencia. Podrá aguantarse hasta que llegue a casa, pero asegúrese de volver a su hogar inmediatamente después del trabajo.

En el caso de un perro adulto adoptado, una vez haya recibido su educación básica y sea fiable al respecto, debería poder mantenerse limpio y seco durante el día, mientras está usted en el trabajo. Sáquele a la calle cuando se despierte por la mañana, y luego justo antes de salir de casa para ir a trabajar. Esas dos salidas serán suficientes para hacer que se sienta cómodo durante todo el día. No es necesario tener a los perros adultos dentro de una jaula durante el día una vez hayan completado su educación básica y sean fiables al respecto, aunque a muchos propietarios les gusta tenerlos confinados dentro de ciertas habitaciones seguras para ellos cerrando puertas o colocando vallas para bebés.

Nunca olvide que las acciones de los perros dan señales claras. Aprenda a observarlas y comprenderá qué es lo que quieren decirle las acciones de su perro. A medida que vaya empezando a entender sus sonidos y signos, él empezará a comprender sus palabras y sus acciones. Una vez los dos «hablen el mismo idioma», vivirán juntos una vida plena y llena de satisfacciones.

Para ayudarle a conseguir ese objetivo rápidamente, trataremos sobre los pasos concretos para el adiestramiento de jaula. Siga cada paso con cuidado y no se precipite antes de haber conseguido tener éxito con el paso previo. Una vez más, el perro seguirá el camino que le indique para comprender qué es lo que encuentra usted aceptable y lo que no.

SEIS PASOS PARA EL ADIESTRAMIENTO DE JAULA

La jaula grande para hacer ejercicio, o jaula de exteriores, puede suponer una alternativa a la jaula normal, o ser usada además de ésta.

Su mejor apuesta consistirá en acostumbrar al cachorro a la jaula, para que así se sienta siempre cómodo en su interior desde el primer momento.

«El éxito genera éxito.» Este dicho se aplica a los perros del mismo modo que a las personas. Cuando el perro hace algo bien y reconoce sus logros con elogios y unas caricias alegres, querrá hacerlo de nuevo. Por el contrario, si hace algo mal y usted no aprueba su comportamiento (ni con elogios ni con un castigo), su deseo de repetirlo se acabará extinguiendo, ya que no logró ganarse su atención.

Éste es el principio de la mayoría de los métodos exitosos de adiestramiento canino. El adiestramiento procedente del miedo dará lugar a más miedo y acabará haciendo que el perro se aleje de usted; pero cuando ayuda al perro a hacer algo que le complace y luego le felicita por hacerlo, tendrá ganas de volver a hacerlo. Así, el adiestramiento positivo y motivador nos ofrece los resultados más rápidos y fiables.

Ésta es la razón por la cual seguir seis pasos para el adiestramiento de jaula de su perro hará que la educación básica de su animal le resulte fácil, y podrá recompensarle por entender qué es lo que se espera de él. Recuerde que la mayoría de los perros quieren complacer a las personas. Cuando su cachorro o su perro adulto aprendan a

Muestre a su cachorro que le quiere, dedicando el esfuerzo necesario para adiestrarle correctamente.

El cachorro debería considerar la jaula como su guarida: un lugar propio privado al que podrá retirarse.

aceptar su jaula como el lugar seguro, cómodo y especial, tendrá un animal feliz.

PROGRAMA DE SEIS PASOS PARA CACHORROS

Colocar la jaula en la habitación en la que el cachorro pasará la mayor parte de su tiempo y permitir que se familiarice con ella hará que su primera experiencia con la jaula sea mucho más sencilla. Una vez vea que la jaula no representa una amenaza, tendrá más ganas de entrar en su interior y obtener esa galleta que ha metido dentro. Ahora puede iniciar el proceso de adiestramiento.

Paso nº 1: Diga al cachorro: «¡Tiempo de jaula!», y métale en su interior con una golosina. Cierre la puerta y esté al alcance de su vista, al lado de la jaula. Déjele en su interior cinco minutos, mientras permanece cerca, pero no le hable. Cuando hayan pasado los cinco minutos, déjele salir y alábele abundantemente. Si se queja durante los cinco minutos, no le deje salir. Sencillamente, dé unos golpecitos en la parte superior de la jaula para asustarle, y cuando deje de gimotear un momento, déjele salir rápidamente y elógiele. Querrá que se dé cuenta de que le dejará salir sólo cuando esté tranquilo, ya que si no, se creerá que los quejidos son el billete de salida.

Paso nº 2: Repita el paso nº 1 varias veces durante el primer día. Quédese esperando siempre en un lugar desde el que el perrito pueda verle, como en una silla cercana, viendo la televisión o leyendo.

Paso nº 3: Al día siguiente, introduzca al cachorro en su jaula, como antes. Esta vez déjele en su interior diez minutos. Repita eso varias veces durante el día.

Paso nº 4: Siga aumentando el tiempo con incrementos de cinco minutos hasta que el cachorro se quede en la jaula treinta minutos con usted en la habitación. Llévele siempre a la zona donde hace sus necesidades después de un periodo prolongado (veinte minutos o más) dentro de la jaula.

Paso nº 5: Ahora vuelva al principio y deje al cachorro en su jaula cinco minutos, pero saldrá usted de la habitación.

Paso nº 6: Una vez más, aumente el tiempo en incrementos de cinco minu-

UN BUEN FREGOTEO

Mantener a su perro limpio bañándolo regularmente le anima a mantener la zona donde hace vida libre de heces y orina. Si el perro está sucio, el olor de los excrementos sobre su pelaje se transmitirá a la zona donde duerme, y no será tan quisquilloso en lo concerniente a mantener limpio su lecho.

tos mientras está usted fuera de la habitación. Cuando el cachorro se quede voluntariamente en su jaula (quizás hasta se duerma) durante treinta minutos estando usted fuera de la habitación, estará preparado para quedarse en su interior varias horas seguidas.

El objetivo primario de la educación de jaula de cualquier perro consiste en conseguir el éxito en la educación básica. Dejando al perro en la jaula a la hora de dormir, además de cuando le deje solo, potenciará que permanezca limpio en su «guarida». Aprenderá rápidamente a evacuar dentro de casa, o sobre papel, en el caso de los perros pequeños, mientras mantiene limpia la zona donde duerme y descansa. A medida que su cachorro vaya creciendo, podrá quedarse en su jaula durante periodos de tiempo más largos, ya que la musculatura de su intestino y su vejiga se va desarrollando.

PROGRAMA DE SEIS PASOS PARA PERROS ADULTOS

Use los mismos seis pasos que los que le hemos proporcionado para el cachorro. Lo más probable es que este perro adulto nunca antes haya estado en

Un cachorro al que le guste su jaula estará contento en su interior, sin importar adónde le lleve.

una jaula, por lo que todo esto le resultará nuevo. Quizás se encuentre con que el perro se queda muy a gusto en la jaula mientras está usted en la habitación, pero que muestra signos de estrés o de ansiedad por separación siempre que se va. Si ése es el caso, retroceda hasta el principio y repita los pasos del 1 al 4. Asegúrese de no hablarle mientras está en la jaula. Simplemente, haga sus cosas mientras él aprende a descansar y esperar en la jaula. Inténtelo proporcionándole un juguete para que juegue mientras espera. Un juguete de goma dura con una galleta escondida en el interior estimulará su mente mientras pasa el periodo de espera.

Cuando le deje salir, asegúrese de alabarle profusamente. Sea un poco exagerado mientras le dice lo buen perro que es. Llévele a la zona donde hace sus necesidades si ha estado en la jaula más de veinte minutos y, una vez más, elógiele cuando haya orinado.

Cuando lleve a cabo el adiestramiento de jaula en el caso de un perro adulto que anteriormente había vivido fuera de casa, quizás se muestre muy reacio a entrar en la jaula dentro de casa. También resulta posible que las únicas experiencias de un perro en el interior de una jaula fueran de aislamiento o castigo y que, por tanto, no fueran placenteras. Su objetivo consistirá en hacer que el tiempo que pase en la jaula sea feliz, agradable y que no represente una amenaza. Dejar la jaula con la puerta abierta en una zona en la que el perro pase tiempo le ayudará a acostumbrarse a verla.

Aunque no recomiendo alimentar a los cachorros dentro de la jaula, ya que pueden provocar, y frecuentemente provocan, una gran suciedad con la comida, puede intentar dar de comer al perro adulto en la jaula. Los adultos, al contrario que los cachorros, no tienen el hábito de jugar con cualquier cosa que tengan a su alcance. Alimentar a un perro adulto en su jaula también servirá para aliviar su ansiedad respecto a ésta y hacer que establezca una conexión positiva con ella. Se convierte en un buen lugar en el que estar, ya que

La mayoría de los propietarios de cachorros no les alimentan en el interior de la jaula, ya que tienden a ser un poco sucios al comer.

Una vez el perro tenga éxito con el paso nº 4, puede pasar al paso nº 5 (cinco minutos en los que usted está fuera de la habitación). En el caso del perro que se encuentra en la zona abierta de descanso, quédese fuera de su campo de visión. Por ejemplo, si su espacio se encuentra en la habitación de la colada, no se quede en su interior. Vaya a una habitación cercana que esté lo suficientemente lejos como para que no pueda verle mientras realiza sus actividades diarias durante el tiempo en que él esté confinado.

Algunas jaulas se abren por la parte superior, mientras que otras disponen de puertas delanteras y/o laterales. Cualquier abertura debería ser fijada con un pestillo cuando la cerremos.

consigue su comida en su interior, pero está abierta y puede salir en cuanto acaba de comer. No saque el cuenco de la comida de la jaula mientras el perro está todavía en su interior, ya que esto podría dar lugar a una conducta de agresividad por el alimento. Unos pocos días comiendo dentro de la jaula le prepararán para los seis pasos mencionados anteriormente.

Si después de unos pocos intentos para meter al perro en la jaula, éste no puede tolerarla en absoluto, inténtelo con un espacio abierto para descansar. Incluso una jaula de alambre para hacer ejercicio colocada en una esquina del salón puede servir como zona de descanso del perro. Sin embargo, las jaulas de alambre no resultan adecuadas para los perros «saltadores de vallas», o los que saltan y empujan repetidamente la pared de alambre, ya que este tipo de jaula no dispone de un suelo propio y podrá escapar de su interior con facilidad.

CONSEJOS ADICIONALES

Por supuesto, sabe que el adiestramiento de jaula le proporciona seguridad a usted, al perro y a su hogar. Cuando el perro está en su jaula y no hay nadie en casa, suele dormir, ya que todo está tranquilo y no sucede nada a su alrededor que incite su curiosidad.

La zona de descanso debe ser cómoda para el perro, no demasiado grande ni demasiado pequeña, y debe ser imposible que el perro escape de su interior. Este Caniche parece estar bien en su cómoda esquinita.

Los árboles son lugares muy apreciados por los perros de todas las edades para marcar el territorio y olisquear, a pesar de que a los árboles no les guste mucho.

Mordisquear cables eléctricos, muebles, ropa, zapatos y otros objetos prohibidos es la receta para el desastre. Este tipo de comportamiento no sólo sale caro, sino que, además, es muy peligroso. Atravesar con los dientes el cable de la televisión, por ejemplo, puede electrocutar al perro e iniciar un incendio en casa. Un perro metido en su jaula no podrá implicarse en dichas conductas destructivas y dañinas.

Si tiene un perro que insiste en gimotear y ladrar siempre que está en su jaula, no debe ceder a sus rabietas. Nunca le deje salir cuando se esté quejando. Dígale severamente: «¡No!», «¡Silencio!», y dé uno o dos golpes fuertes en la parte superior de la jaula. Eso debería asustarle y hacer que se calle, aunque sea temporalmente. En cuanto deje de hacer ruido como resultado de su acción, dígale: «¡Bien!», «¡Buen perro!», «¡Vamos a la calle!». Llévele de inmediato a la zona donde hace sus necesidades y elógiele cuando la use. Con este método le estará enseñando que sólo le sacará de la jaula cuando esté tranquilo. Por supuesto, si da un gritito de alegría cuando le vea llegar para sacarle fuera, no considere eso como un gimoteo molesto. Simplemente está expresando su encanto por verle, y se está anticipando a la libertad de estar fuera de la jaula.

Es extremadamente importante que sea constante en cuanto a la orden que use cuando quiera que el perro entre en su jaula o su zona de descanso. Si le adiestra correctamente y con entusiasmo, el perro vendrá corriendo hacia su espacio cuando oiga la palabra especial. Muchos propietarios suelen usar como órdenes frases del tipo: «¡A la guarida!», «¡Métete en la jaula!», o «¡Tiempo de jaula!». Dar la orden en un tono de voz alegre y con una galleta en la mano captará la atención de su perro, y dará lugar a una respuesta positiva por su parte al cabo de sólo unos pocos días. ¡Inténtelo!: ¡Ya lo verá!

Simplemente recuerde que su actitud respecto a cualquier cosa que quiera enseñar a su perro mediante el adiestramiento se verá reflejada en su respuesta a su orden verbal y sus señales físicas. Una respuesta positiva por su parte cuando le saque de su espacio también reforzará su aceptación de la jaula o de la zona de descanso. Elogiarle por ser un buen perro le ayudará a desarrollar una actitud voluntariosa respecto a su lugar especial cómodo y seguro.

No permita que la educación básica le vuelva loco. No es tan complicado si se toma el tiempo para hacerlo correctamente.

Al planear las salidas distintas para evacuar y para hacer ejercicio, tenga en cuenta el nivel de actividad de su perro. El Dálmata es una raza llena de energía que necesitará mucho tiempo para hacer su ejercicio diario y así ser feliz.

La creación de un programa

EL MEJOR PROGRAMA PARA USTED

¿Es usted una criatura de hábitos o un espíritu libre? Su perro es una verdadera criatura de hábitos, y medra con la estructuración y la regularidad. Determinar el programa ideal para que haga ejercicio y evacue llevará un poco de planificación. Querrá coordinar la mejor rutina diaria que funcione para usted y su perro, de modo que ambos estén satisfechos y se sientan cómodos. Una vez que usted y su perro hayan asentado una rutina regular, sabrá exactamente cuándo ocuparse de su perro y de sus necesidades.

Recuerde que la rutina de su perro irá cambiando a medida que crezca, y que el programa para un cachorro joven es más exigente. Cuando la musculatura de la vejiga y los intestinos del perrito se desarrollen, tendrá un mayor control de sus hábitos de evacuación. No necesitará orinar con tanta frecuencia y probablemente desarrolle un plan de defecación de dos veces diarias. En primer lugar, propondremos unas pocas rutinas para cachorro de entre ocho y veinte semanas de vida. Luego recomendaremos un programa para satisfacer las necesidades del cachorro mayor que ya está casi preparado para adoptar una rutina para perros adultos.

Al asentar el programa, debe tener en cuenta sus compromisos, además de las necesidades de su perrito. Si tiene un esposo/a o compañero/a que trabaja con un horario distinto, dispondrá de la ventaja de su ayuda. Del mismo modo, los miembros de la familia pueden irse apuntando para ayudar en la educación básica del cachorro. Por otro lado, si vive solo, hay más cosas a tener en cuenta. Por ejemplo, quizás trabaje de día y pase muchas horas fuera de casa a diario. Puede que trabaje por las noches y esté

Tanto si le adiestra para hacer sus necesidades dentro como fuera de casa, deberá colocar al cachorro en la zona escogida para que evacue hasta que aprenda a ir hacia ella por su cuenta. Deberá estar siempre vigilándole para asegurarse de que no evacue fuera del lugar escogido.

Todos los miembros de la familia deberían participar en los cuidados del perro y formar parte de su rutina diaria.

en casa durante el día, o quizás no trabaje fuera de casa: esto implica que dispondrá de más tiempo y más flexibilidad para crear una rutina para su cachorro.

Si está en casa todo el día y está adiestrando a un perro adulto adoptado, verá que sus necesidades son muy distintas a las de un cachorro de tres meses. También necesitará hacer más ejercicio en forma de paseos más largos. Eso, no obstante, es bueno, ya que le proporcionará la oportunidad de salir con él y de disfrutar del aire fresco mientras da unos paseos a buen ritmo o al trote. Sea como fuere, las necesidades de ejercicio de su perro adulto serán buenas para los dos. ¿Se ha dado cuenta alguna vez de que, normalmente, la gente que tiene perros está sana y en forma? Los propietarios activos de un perro no sólo tienen un mejor aspecto y se sienten mejor, sino que, además, conocen a muchos otros propietarios agradables de un perro que sacan a pasear a sus animales por el vecindario, juegan en el parque con ellos o salen con ellos de compras a la calle principal.

Durante el proceso de la educación básica, los perros pueden ser como los bebés, y necesitarán una supervisión constante y que se atiendan sus necesidades... lo que provocará que sus propietarios pierdan algunas horas de sueño.

El ejercicio y la socialización son buenos para el perro y sus propietarios. Salir fuera de casa con su perro de forma regular supone una manera maravillosa de hacer nuevos amigos o incluso desencadenar un romance. Para mucha gente se abre un mundo completamente nuevo cuando añaden un perro en su vida. Ir al banco, a la gasolinera o a la tienda de mascotas es mucho más interesante y divertido si se lleva a su perro con usted, y también supone una forma genial para que él se socialice.

Antes de pasar al programa de ejercicio para el perro, piense en su propio programa de actividad y luego planee cuándo podrá sacar al perro fuera de casa para que evacue. Durante el periodo

Este cachorro australiano sabe cuál es el objetivo de este paseo y va directamente a hacer sus necesidades.

de la educación básica, sea constante respecto al programa, para que el animal aprenda rápidamente que saldrá a la calle, a la zona para hacer sus necesidades. A pesar del hecho de que su perro no puede conocer la hora mediante un reloj (¡eso le ahorrará el dinero de tener que comprarle un reloj de pulsera o un reloj despertador!), en sólo poco tiempo ya sabrá cuáles son las horas para salir a la calle. Su comportamiento nervioso y sus pequeños quejidos y grititos le recordarán que ha llegado el momento de salir.

A medida que el perro madura y se acostumbra a la vida con usted, también puede aprender a ser flexible con respecto a su programa. No obstante, por ahora cíñase al plan de entrenamiento hasta que el perro sea físicamente maduro y fiable en casa.

Al igual que los bebés y los niños pequeños, los cachorros jóvenes necesitan evacuar con más frecuencia que los perros adultos. Si adquiere a su cachorro a las ocho semanas, necesitará salir cada hora. Si tiene doce semanas, probablemente podrá aguantarse dos horas, a no ser que esté jugando activamente o correteando, en cuyo caso necesitará evacuar tan pronto como se tranquilice. Cuando cumpla de dieciseis a veinte semanas, normalmente podrá controlar su vejiga durante varias horas. Las excepciones, por supuesto, volverían a ser los periodos de actividad. Sin embargo, llegado a esta edad, también empezará a mostrar claros signos comportamentales de necesitar orinar. Dar vueltas en círculos o moverse como si buscara algo, sentarse al lado de la puerta, emitir gemidos suaves y jadear

El propietario de un cachorro moldea el comportamiento general de su animal, y no sólo sus hábitos higiénicos. Enseñar al cachorro a mordisquear objetos adecuados forma una parte importante de las primeras fases del adiestramiento.

Los niños y los cachorros tienen muchas cosas en común.

SI NO PUEDE VENCERLES, ALIMÉNTELES

Quizás pueda romper el hábito de su perro de evacuar en un lugar no deseable alimentándole en el mismo. Por ejemplo, si hace sus necesidades en su jaula, asegúrese de que ésta no sea demasiado grande con respecto al tamaño del animal, y así probablemente no use la jaula para evacuar. Por otro lado, si su perro orina en la moqueta del salón, coloque su plato para la comida en ese punto. Una vez haya aceptado que ése será el lugar en el que comerá, puede que deje de orinar ahí.

son señales de que siente la necesidad de evacuar.

En todos estos casos, será tarea suya prestar atención al perro, anticiparse a sus necesidades antes de que se produzcan «accidentes», y sacarle fuera de casa a tiempo para que así tenga éxito. Si proporciona al animal demasiada libertad en casa y no logra captar sus señales, estará poniendo al perro en una situación de fracaso. Con una cantidad suficiente de fracasos, este programa de educación básica no dará lugar a la mascota limpia y bien educada que quiere.

En pocas palabras: lo que haga y la forma en que lo haga dará lugar al éxito o al fracaso en la educación básica de su cachorro. Evalúe su programa de actividades y prepárese para complacer las necesidades del cachorro dentro de la medida de sus posibilidades. Una vez lo haga, podrá pasar a crear un programa para que el animal haga ejercicio y sus necesidades. Algunas salidas fuera de casa para evacuar estarán destinadas, exclusivamente, a que haga sus necesidades, mientras que otras le permitirán pasar algo de tiempo libre en el jardín, o pasear con la correa puesta después de que haya evacuado.

Mencionemos aquí que los propietarios de cachorros de razas de gran tamaño (o de los cachorros mestizos con unos pies del tamaño de un guante de cocina) deberían evitar permitir que sus cachorros hagan ejercicio demasiado vigorosamente. Estos cachorros, que tienen que crecer mucho, deberían ver restringido cualquier tipo de actividad que pueda someter a tensiones sus ligamentos y músculos en desarrollo. Se pueden dar, y se darán, daños permanentes en el esqueleto debido a este tipo de actividad, y los propietarios no deben permitir que sus cachorros jueguen salvajemente, corran a toda velocidad, trepen sobre las mesas o tarimas ni salten desde los muebles o las escaleras. Tenga a estos perritos sujetos con la correa mientras hagan ejercicio para así poder controlar su actividad. Una vez hayan cumplido los doce meses, podrá levantar estas restricciones a las actividades y no preocuparse tanto de las potenciales lesiones ortopédicas. No obstante, hasta que el perro cumpla el año deberá controlarle.

PROGRAMAS PROPUESTOS PARA EL CACHORRO

Observemos algunos programas recomendados para que los cachorros de varias edades hagan sus necesidades. Estos horarios no son ley. Sea siempre lo suficientemente flexible para adaptar los momentos para evacuar y para hacer ejercicio de modo que le satisfagan tanto a usted como al cachorro.

El propietario está en casa todo el día

Cachorro de entre ocho y catorce semanas:

- Cuando el cachorro se despierte por la mañana.
- Después del desayuno.
- A media mañana.
- Antes de la comida.
- Después de la comida.
- A media tarde.

CANGUROS DE MASCOTAS

Además de los centros de día para perros, la consulta del veterinario o la peluquería canina pueden ofrecerle un servicio de canguros para perros donde podrá dejar a su mascota durante el día mientras esté en el trabajo. En el caso de un cachorro, la mayoría de los canguros darán continuidad a su régimen de educación básica y le sacarán a la calle con frecuencia. Puede encontrar los servicios de canguros en las páginas amarillas. Pregunte también a su veterinario para que le recomiende uno bueno.

- Antes de la cena.
- Después de la cena.
- Una o dos horas más tarde, dependiendo de la actividad del cachorro.
- Antes de ir a dormir.

EL PROPIETARIO TRABAJA DURANTE EL DÍA

El adiestramiento de jaula debería iniciarse desde el primer día en que traiga a su cachorro a casa.

Cachorro de entre ocho y catorce semanas:

- Cuando el cachorro se despierte por la mañana.
- Después del desayuno.
- Antes de la comida.

- Después de la comida.
- En cuanto llegue a casa.
- Antes de la cena.
- Después de la cena.
- Durante la tarde-noche.
- Antes de irse a dormir.

Un cachorro muy joven necesitará almorzar, y deberá ir a evacuar antes y después de esta comida. Si no puede ir a casa a la hora de comer, alguien deberá cuidar del cachorro durante ese rato. Así, deberá procurarse la ayuda de un amigo, un vecino, un familiar o un canguro que pueda pasar por su casa y cuidar del perrito durante la hora del almuerzo.

Una nueva opción popular entre los propietarios de perros es un «centro canino de día»: una verdadera bendición para los propietarios de perros con horarios de oficina. Si su cachorro cumple con los requisitos básicos de socialización, le aceptarán en el centro de día. Llevará al perro al centro de día cada mañana en su camino al trabajo y le recogerá al volver a casa por la tarde. Durante el día, le sacarán fuera con frecuencia y también le darán la comida siguiendo sus indicaciones. Quizás le pidan, o puede que no, que les proporcione su marca de comida: lo que es cierto es que los cuidadores estarán encantados de darle de comer a mediodía. Dependiendo de la instalación, puede que haya ratos de recreo con otros perros, cursillos para cachorros, peluqueros caninos, cuidados veterinarios y muchas más cosas a disposición de su cachorro.

Generalmente, el coste de este tipo de servicio es bastante asequible. La mayoría de estos centros disponen de unos precios semanales para los perros que pasan allí todos los días laborables. Cuando esté buscando un buen centro de día, deberá visitar las instalaciones con su cachorro. Los establecimientos de buena calidad le evaluarán a usted y a su perro del mismo modo que hará usted con ellos. Debería tomar nota de las siguientes cosas: ¿Está limpio el lugar? ¿Parecen llevarse bien los perros? ¿Son los empleados amables y competentes? ¿Están separados los cachorros y los perros muy jóvenes de los perros grandes? Es buena idea que hable con otros propietarios que tengan a sus animales en ese centro y que escuche sus opiniones. Puede que su veterinario también conozca el centro y sus servicios.

EL PROPIETARIO TRABAJA POR LA NOCHE

Esta situación requiere una inversión del primer caso. El cachorro dormirá durante toda la noche, así que su necesidad de evacuar será mínima. Un cachorro muy joven quizás deba salir fuera por lo menos una vez por la noche o durante la madrugada, antes de que vuelva a casa. Afortunadamente, para cuando el cachorro tenga doce semanas, debería poder dormir toda la noche en su jaula. En el caso del cachorro joven, deberá disponer de alguien para que le saque fuera cuando se despierte o cuando gimotee o se queje, señales que indican que tiene necesidad de orinar. Tan pronto como evacue, debería volver a ser introducido en su jaula de inmediato, sin hablarle mucho ni prestarle demasiada atención, ya que si no creerá que es la hora de despertarse cuando, en realidad, es plena madrugada. Sencillamente, vuelva a meterle en la jaula y apague la luz: se calmará de nuevo rápidamente.

Durante el día, estará en casa para sacarle fuera cuando necesite salir. Su necesidad frecuente de orinar pronto remitirá, por lo que su sueño sólo se verá interrumpido y fragmentado en bastantes periodos durante unas pocas semanas.

Muchos perros adultos que han recibido su adiestramiento de jaula entran y salen de la misma, incluso cuando sus propietarios están en casa, y escogen pasar algo de tiempo tranquilo en su propio refugio.

DEMASIADO PEQUEÑO: DEMASIADO MOJADO

Es improbable que los cachorros de menos de seis meses sean constantes a la hora de darle señales de que necesitan evacuar. Para cuando se dan cuenta de que necesitan evacuar suele ser ya demasiado tarde para que se lo hagan saber. Así, para prevenir los «accidentes», todos los miembros de la familia deben colaborar para sacar al cachorro a la zona en la que hace sus necesidades hasta que empiece a señalar que necesita evacuar.

EL PROPIETARIO TRABAJA A TIEMPO PARCIAL

Una vez más, deberá hacer adaptaciones para satisfacer las necesidades de su perro, además de las de su agenda de trabajo. Si su trabajo le exige estar lejos de casa durante periodos prolongados, como por ejemplo más de cuatro horas, necesitará algo de ayuda durante un tiempo. Un centro de día para cachorros podría ser una solución, o quizás un vecino o un familiar podrían pasar por casa mientras esté usted fuera, un pasea-perros podría ayudarle durante una temporada o quizás podría hacer jornadas más cortas varios días a la semana.

Evalúe su agenda y equilíbrela respecto a las necesidades de su cachorro, y dará con una solución factible para el proceso de la educación básica. Recuerde que las necesidades de su cachorro cambiarán casi semanalmente al tiempo que su cuerpecito madura. A medida que crezca y madure, también aprenderá a adaptarse a usted y a su estilo de vida, por lo que un día, los dos tendrán una rutina que funcionará como un reloj.

Los propietarios de un perro de una raza miniatura deben ser conscientes de que estos perros tan pequeños tienen un cuerpo de tamaño reducido que tiende a eliminar los desechos con mayor rapidez.

EL CACHORRO MAYOR

A medida que su cachorro crezca, sus necesidades de evacuación cambiarán. Por ejemplo, un cachorro de doce semanas probablemente necesitará evacuar cada dos horas, y ya no cada hora. Cuando cumpla de dieciseis a veinte semanas, podrá aguantarse las ganas de orinar entre tres y cuatro horas, ya que la musculatura de su vejiga estará alcanzando su plena madurez.

Estos músculos, no obstante, no estarán completamente desarrollados hasta que cumpla los seis meses. Los músculos de su intestino también alcanzarán su madurez más o menos al mismo tiempo, lo que implicará que controlará mejor su necesidad de defecar. Además, su patrón de alimentación variará de tres comidas a dos, reduciéndose así también la frecuencia de su necesidad de evacuar.

EL PROGRAMA DEL PERRO ADULTO

Ahora observemos los programas básicos para el perro adulto, recordando de nuevo adaptar los momentos recomendados a su situación personal.

EL PROPIETARIO ESTÁ EN CASA TODO EL DÍA

- Al despertarse por la mañana.
- A media mañana.
- A mediodía, si es posible, para eva-

Un perro cuyo propietario trabaje todo el día fuera de casa necesitará salir a dar un paseo para hacer sus necesidades en cuanto su amo llegue a casa, y agradecerá un paso largo para estirar las patas y pasar algo de tiempo con su querido propietario.

Una vez conozca la rutina, el perro irá corriendo a su lugar especial en el jardín cuando sea el momento de evacuar.

cuar y para hacer ejercicio de quince a veinte minutos.
- A media tarde.
- Después de la cena.
- Antes de ir a dormir.

EL PROPIETARIO TRABAJA A JORNADA COMPLETA
- Al despertarse por la mañana.
- Justo antes de irse a trabajar.
- En cuanto vuelva a casa para comer (incluya también un paseo a buen ritmo para hacer ejercicio).
- Tras la cena.
- Antes de ir a dormir.

ESCOGER UNA ZONA PARA EVACUAR FUERA DE CASA

En lo concerniente a la zona para evacuar, piense siempre en la localización. Una de las claves del éxito en la educación básica consiste en la elección de la zona para evacuar antes de iniciar el proceso del adiestramiento. Una vez que el perro se dé cuenta de que siempre le llevan al mismo lugar y que le elogian profusamente por hacer sus necesidades ahí, empezará a relacionar esa zona con el acto de evacuar.

Ahora pensemos en la superficie, que es algo importante para el perro. La mayoría de los propietarios enseñan a sus perros a hacer sus necesidades sobre césped, esa cubierta del suelo que se regenera, que es blanda, huele bien y que los propietarios de una casa en una zona residencial siegan, siembran, abonan y riegan. Mientras los propietarios lo mantengan verde y se aseguren de que está libre de pesticidas y otras sustancias químicas dañinas, la hierba es la superficie perfecta para los perros. En las zonas residenciales la podemos encontrar por todas partes, pero en las ciudades no. Otras opciones son la grava, la tierra, la arena y el cemento. El cemento es la segunda mejor elección para los propietarios, ya que su mantenimiento es sencillo, no se vuelve amarillo, ni necesita fertilizante. La grava puede ser un poco dura para los pies de los perros, y éstos a veces se tragan la grava pequeña. La tierra y la arena son sucias, atraen a los gatos vagabundos, y se convierten en barro cuando llueve.

Lo ideal es que la zona esté cerca de casa, aunque apartada del tránsito de la gente que entra y sale del edificio. Además, la mala climatología hace que llevar al perro lejos de casa sea muy fastidioso para el propietario y el animal, así que escoja un lugar que esté cerca de casa y apartado del tránsito. Además, en las regiones en las que nieva en invierno, caminar trabajosamente por la nieve es algo que, desde luego, ni usted ni su perro querrán hacer.

Al final, cuando el perro haya madurado y se haya acostumbrado a su rutina de evacuación, podrá llevarle a otras zonas para hacer sus necesidades que pueden estar alejadas de casa. Estos lugares, como un pipí-can, un terreno vacío o el borde de una carretera en una zona residencial, pueden usarse para que el perro evacue.

No obstante, es esencial que recoja y elimine siempre las heces de su perro. La recogida de heces en su jardín debería realizarla por lo menos cada dos días, por no decir cada día. Recoger sus heces cada vez que defeque fuera de casa no sólo es un gesto amable por su parte, sino también esencial para mantener el vecindario limpio y libre de heces de perro. En muchas ciudades es obligatorio.

CONSTANCIA

Mantener constante la rutina para la evacuación es extremadamente importante para el proceso de la educación básica. Cada miembro de la familia debe ceñirse a los momentos en que el perro deberá hacer sus necesidades. Este programa inicial no será, necesariamente, el que deberá seguir el animal durante toda su vida. Sólo significa que durante el periodo de aprendizaje debe existir un horario rígido para que el perro conozca la diferencia entre hacer sus necesidades siguiendo el programa y evacuar donde y cuando quiera. Una vez más, es la estructura lo que cuenta.

Una vez que el perro acepte las reglas de la educación básica y su cuerpo sea capaz de controlar la vejiga y los intestinos, se pueden hacer adaptaciones hacia una rutina menos exigente. Sin embargo, esto llevará algo de tiempo, y el propietario debe usar los elogios y la paciencia para llegar a ese punto.

Una puertecilla (gatera) segura para un perro será aquélla que permita que su perro (y sólo su perro) tenga acceso al jardín vallado y que luego pueda volver a entrar cuando le apetezca. No obstante, esto no es sustitutivo del tiempo que pase con su perro.

Traer a su hogar un cachorro nuevo supone algo emocionante para la familia. La recompensa que supone un compañero canino supera, con creces, el trabajo implicado en su adiestramiento.

Mi propia perra, una Caniche Enana adulta, tiene un «límite de aguante» de dos horas, lo que significa que antes de tener un «accidente» puede aguantarse dos horas más una vez superado el momento en que debería salir fuera. Hay veces en que no puedo llegar a casa a la hora normal, así que su capacidad para esperar es de gran ayuda para las dos: no hay «accidentes» en casa y no moja su cama. No obstante, acabará adaptando su estilo de vida para satisfacer las necesidades físicas de su perro, y éste puede aprender a adaptarlas en circunstancias especiales, así que se encontrará con un programa que funciona bien para los dos. Y tener un perro con unos buenos hábitos higiénicos hará que la vida sea todavía más maravillosa para usted y su animal. Al poco tiempo verá como su cachorro se ha transformado en un adulto constante y luego, en un periodo que también le parecerá corto, pasará a ser un perro anciano no tan constante. Su vida también se adaptará a esto.

«ACCIDENTES» DURANTE LA EDUCACIÓN BÁSICA

¿Qué podría provocar que un perro que supuestamente ha recibido su educación básica evacue dentro de casa?

Respuesta: Existen muchas posibilidades. No obstante, existen, igualmente, el mismo número de cosas que usted puede hacer para ayudar al perro a superar este síndrome de «accidentes». Pero antes de tener en cuenta la causa del accidente, es importante que el veterinario examine a su animal para descartar que la causa sea cualquier problema físico, como una infección en la vejiga. Una cosa es cierta: castigar al perro por evacuar dentro de casa no solucionará el problema y puede, de hecho, incrementar la probabilidad de que vuelva a suceder.

¿Y cómo es eso?, se preguntará. Bien... provocar un «accidente» dentro de casa hizo que prestara atención

Aunque puede resultar difícil ocultar un «accidente» en la educación básica del fino olfato de su Basset Hound, su instinto olfativo también trabaja a su favor, ya que no le costará mucho aprender dónde se encuentra el lugar para hacer sus necesidades.

La dieta de su perro (su programa para la alimentación, además de la calidad del alimento que consuma) desempeña un papel importante en sus hábitos higiénicos.

al perro. El animal, por otro lado, está experimentando algún tipo de problema que no puede superar, así que expresa su frustración orinando o defecando en casa. A su vez, usted reaccionó, y la atención que le dedicó ayudó a aliviar su sufrimiento emocional temporalmente. Así, razona él, si mojar el suelo hace que se dé cuenta de él, hacerlo de nuevo hará que obtenga más atención por su parte.

Y así la situación va creciendo. Evacua en casa y usted responde. Recibe sus atenciones. A él no le gusta que le riñan, pero el hecho de que le preste atención de una forma u otra es mejor que no recibir atenciones en absoluto, así que lo repite. En lugar de responder ante el problema, pensemos qué es lo que lo genera.

Identificar la causa y alterar la respuesta del perro ante ella acabará corrigiendo la situación. La dieta, los problemas de salud, los trastornos emocionales, la dinámica familiar y los sucesos inusuales en el hogar son algunas de las causas principales de los accidentes en casa. En la mayoría de estos casos, hay soluciones sencillas que puede implantar para corregir el problema. Con la excepción de los problemas de salud hereditarios, el propietario puede dar pasos para ayudar al perro a superar estas dificultades.

ASUNTOS RELACIONADOS CON LA DIETA

Lo que su perro come está directamente relacionado con su proceso de evacuación. Una dieta pobre o de mala calidad probablemente sea la causa principal de una evacuación excesiva y demasiado frecuente. Además puede provocar, y frecuentemente provoca, casos graves de diarrea.

Asimismo, cuando un perro se traga algo no comestible, se genera un caos en su aparato digestivo. Su cuerpo intenta defecar esta sustancia, por lo que su intestino produce una cantidad extra de fluidos, y se provoca así una diarrea.

En el caso de un alimento de mala calidad, su cuerpo no puede asimilar la excesiva cantidad de sustancias de relleno usadas para incrementar el volumen en el envase. Por ejemplo, existe una gran diferencia entre la proteína digestible y la no digestible, siendo ésta la que se encuentra en los alimentos de mala calidad, y el cuerpo del animal conoce la diferencia.

Para evitar los problemas digestivos, consulte con su veterinario para que le recomiende tipos, marcas y cantidades de alimentos para perros de buena calidad. Las estanterías de los supermercados están llenas de muchas marcas y tipos de comida para perros.

Vigile la seguridad y el estado de los juguetes de su cachorro. No querrá que el cachorro mordisquee y se trague un trozo de un juguete, ya que podría provocarle problemas digestivos o algo peor.

El agua mantiene correctamente hidratado el cuerpo de su perro, y es tan importante para su salud como una dieta de buena calidad.

Saber cuál es la mejor para su perro requiere tener en cuenta su raza, sexo, edad, peso, estilo de vida y estado de salud. El veterinario de su perro es, obviamente, la persona indicada para asesorarle sobre este asunto y para orientarle en la determinación de un programa de alimentación saludable, tanto si tiene un cachorro como un perro adulto.

DIARREA

Las causas de la diarrea son muchas. Algunas son obvias, y otras no. Sin embargo, hay algo seguro: una diarrea que no reciba atención puede provocar una deshidratación grave que hasta puede poner en peligro la vida de su perro. Nunca ignore los signos de los problemas intestinales.

Alimentar al perro con comida comercial que no sea la adecuada puede provocarle diarrea. Vigile la marca que le está suministrando y sus efectos sobre el aparato digestivo del animal. Además, la diarrea puede aparecer si modifica la dieta de su perro con demasiada brusquedad. En lugar de eso, adáptele a la nueva dieta lentamente. Unas heces firmes no son indicativas de problemas, pero unas poco consistentes pueden ser motivo de preocupación, y deberá descubrir la causa. También pueden darse si el perro se traga un objeto que no sea alimento.

Pongamos por caso que coge a su perro mordisqueando un trozo de papel de aluminio que ha robado de la basura. Existen posibilidades de que se haya tragado parte de él y que sea necesario vigilarle cuidadosamente. Si el trozo era pequeño y es eliminado por el aparato digestivo, no tendrá problemas. Si el trozo era grande y/o no se desplaza con facilidad por su aparato digestivo, probablemente tendrá diarrea y necesitará recibir asistencia veterinaria. Para quedarse tranquilo, debería ponerse en contacto con su veterinario tan pronto como descubra que el perro ha ingerido un objeto extraño. El veterinario le aconsejará adecuadamente. Siga sus indicaciones y esté alerta ante la aparición de posibles problemas.

Los perros, especialmente los cachorros, son un poco como los niños. Se meten cualquier cosa en la boca. Los perros de cobro son famosos por tragarse piedras y palos. Muchas razas caninas, especialmente los Terriers, se dedican a mordisquear cualquier juguete que les proporcionen. La mayoría de los cachorros cogen pañuelos y servilletas de papel y papel higiénico en cuanto tienen la ocasión. Corren por la casa con sus premios colgando de la boca y, frecuentemente, se los tragan cuando va a quitárselos.

No conozco casos de productos de papel que atoraran el intestino de los perros, pero conozco casos de perros sometidos a operaciones quirúrgicas para retirar objetos duros, como monedas, piedras y juguetes de niños. Cualquiera que sea la situación, el mejor camino consiste en consultar con su veterinario si está preocupado porque su perro se ha tragado algo que no es su alimento. En cualquiera de estos casos, la diarrea es el primer síntoma indicativo de problemas graves. El buen propietario tendrá en cuenta este signo de advertencia.

ALOJAMIENTO EN UNA RESIDENCIA CANINA

Hay momentos en la vida en los que debe irse y dejar solo a su perro. En tales momentos, es necesario alojar al perro en una residencia canina solvente. Muchas clínicas veterinarias ofrecen alojamiento a sus clientes aunque esto sólo suele estar disponible en el caso de los perros de menor tamaño. También hay muchas buenas residencias caninas que ofrecen una atención individualizada para cada perro. Los cachorros, por ejemplo, se socializan mucho, obtienen comidas suplementarias de acuerdo con las indicaciones

Puede preguntar al criador si ofrece servicios de residencia canina, ya que usted y su cachorro le conocen y ya saben que es una buena persona.

del propietario y momentos extra para salir a pasear, ya que todavía no han completado su educación básica.

Cuando el propietario vuelve a casa con el perro, a veces el animal actúa como si nunca hubiera recibido una educación básica. Evacua dentro de casa o lo hace en momentos nuevos e inusuales, como a las tres de madrugada, incluso aunque antes de ir a la residencia canina durmiera durante toda la noche. Se preguntará: «¿Qué demonios le ha pasado a mi perro?»

Sólo cuando sea un adulto maduro y esté acostumbrado a estar en la residencia canina de vez en cuando, podrá hacer frente al cambio de estar en su hogar a estar en la residencia sin actuar como si nunca hubiera recibido su educación básica. Al perro le lleva muchos meses aprender las rutinas de la vida en una perrera en comparación con las de la vida en su hogar, y responder de forma adecuada ante ambas situaciones. Este problema se puede solucionar, pero es necesario que el propietario tenga mucha paciencia.

Cuando traiga el perro a casa desde la residencia, trátele como si fuera un cachorro recién llegado a casa por primera vez. Vigílele de cerca, llévele frecuentemente a la zona donde hace sus necesidades, y elógiele siempre que evacue ahí. Asegúrese de mantenerlo en el interior de la jaula cuando no pueda estar con él, para que así no se escabulla y haga sus necesidades en otra habitación. Recuerde que quiere tener éxito, y no fracasar, durante este readiestramiento.

En lugar de alojarle en una residencia canina, puede llevarse a su perro con usted. Esta pareja de Setter Ingleses viaja segura y cómodamente, y disponen de unas camas mullidas en su zona separada del vehículo.

No llevará mucho tiempo. El perro pronto recordará la antigua rutina y las normas caseras con las que vivía antes de ir a la residencia. Puede que le lleve uno o dos días, o varios, readiestrarle, pero el animal recordará sus viejos hábitos y pronto se encontrarán en el mismo punto en el que estaban antes de que tuviera que dejar a su perro en la residencia canina. Simplemente recuerde: paciencia y elogios. Éstas son las claves para un retorno rápido a la normalidad.

CONFLICTOS FAMILIARES

Las disputas familiares son normales, pero cuando surjan las discusiones, probablemente su perro quedará afectado emocionalmente. Escucha las voces altas e irritadas de los miembros de su manada. Puede ver su mirada iracunda. Escucha los portazos. Se preocupa y tiene miedo, ya que no comprende qué está sucediendo con su encantadora familia. Por supuesto, su repuesta normal es: «¿Qué han encontrado? ¿Dónde me puedo esconder?»

El estrés emocional resultante que experimentará puede producir trastornos intestinales, lo que acabaría dando lugar a diarrea. Al igual que las personas, los perros también tienen sentimientos, pero no tienen la capacidad de expresarlos de forma productiva. Así, las formas que tienen de manejar sus traumas es expresando sus preocupaciones en forma de un comportamiento inadecuado y/o experimentando trastornos físicos.

El perro debería sentirse cómodo en su hogar y como parte de su manada humana. Una familia feliz implica un perro alegre.

Para evitar el trauma y el estrés en el perro durante los momentos de conflicto en casa, téngale en una zona alejada de la escena. (Desde luego que esto es algo difícil de planear, así que si es usted el instigador de la disputa, dé a su perro un hueso antes de que empiece la discusión). Coloque al perro en su jaula, déjele salir al jardín (si está vallado), o enciérrele en otra habitación con un juguete divertido hasta que el mal genio se disperse y se restablezca la paz.

UN MIEMBRO DE LA FAMILIA SE VA DE CASA

A veces, cuando un miembro de la familia se va de casa, el perro empieza a preocuparse por lo que le haya podido pasar. ¿Me ha abandonado para siempre? ¿Dónde está? ¿Volverá? ¿Quién ocupará su lugar en la manada?

No podemos saberlo con seguridad, pero podemos intuir, por el comportamiento del perro, que nota la ausencia de la persona y que reacciona ante ello. Si la persona que falta era uno de los líderes de la manada (el marido o la esposa, por ejemplo), el perro estará generalmente más preocupado que si el ausente fuera uno de los niños. Si los adultos están presentes, sentirá que los líderes siguen ahí y que cuidarán de él.

Cualquiera que sea el caso, los trastornos físicos pueden evitarse haciendo que el resto de los miembros de la familia presten un poco más de atención al animal y así ocupar el lugar del familiar que falta. Esto puede implicar un paseo un poco más largo, una sesión extra de juegos o un nuevo juego de cobro: algo que capte y mantenga la atención del perro, en lugar de permitirle preocuparse por el misterio sobre el miembro de la familia que ya no está. La estimulación física y mental es la prevención perfecta para todo tipo de problemas que su perro pueda experimentar en momentos de estrés.

INVITADOS

En el caso de los invitados, el perro reacciona ante el cambio en la dinámi-

No puede confundir la mirada de un cachorro asustado.

Parte de la socialización temprana de un perro consiste en que se acostumbre a su manejo, a que le cojan y a que le acaricien, para que así siempre agradezca este tipo de atenciones.

ca hogareña. Los invitados tienden a hacer que se preste menos atención al perro y más a ellos, especialmente si no les gustan los canes. La familia está ocupada para que a sus invitados no les falte de nada, además de entretenerles. Mientras tanto, el perro tiene que distraerse por su cuenta durante el tiempo en que los miembros de su familia se centran en los invitados. Por supuesto que lo que tendría más sentido sería que la familia sólo invitara a gente a la que le gusten los perros, para que el animal sea el centro de atención (esto hará que el animal no evacue en casa). Desgraciadamente, como suele suceder, sus suegros, sus cuñados o los amigos de universidad de su marido son personas a las que no les emocionan los perros.

El estrés físico puede evitarse dedicando al animal algo de tiempo para que reciba las atenciones que tanto le gustan. Independientemente de sus prejuicios, sus deseos y sus alergias, anime a sus invitados a prestar algo de atención al perro en forma de pequeñas sesiones de juegos o algunas caricias. Proporcionar al perro algo útil para hacer puede suponer un sustitutivo de las interacciones normales con usted. Enséñele a traerle la correa cuando sea la hora de salir a la calle. Enséñele a «hablar» y haga que «hable a la puerta» cuando tenga ganas de evacuar. Haga que le traiga su juguete para poder lanzárselo y que lo vaya a buscar.

Su propia imaginación puede hacer que surjan docenas de actividades para enseñar a su perro. Manténgale estimulado mientras aprende que tener invitados en casa es algo emocionante, y no algo que le quita su lugar normal en el hogar.

UN NUEVO HOGAR

Aquí tenemos una verdadera causa de preocupación para cualquier perro. Pongamos por caso que el animal ha vivido con usted durante varios años en la misma casa. Por la razón que sea, debe irse a vivir a otro lugar y quiere llevarse a su perro con usted. Desgraciadamente, no puede explicarle que se van a mudar. Se lleva al perro con usted a su nuevo hogar con la esperanza de que se adapte cómodamente.

Muchos perros aceptan el nuevo hogar con facilidad cuando ven que usted también está ahí. Reconocen su olor, a otros miembros de la familia y sus pertenencias, incluyendo la ropa, los muebles y los objetos de casa que él sabe que son suyos. Los propietarios que han viajado con sus perros, quedándose en moteles o yendo a visitar a familiares un fin de semana, tendrán unos perros que se adaptan mejor a los nuevos entornos.

Otros perros lo pasan mal durante la adaptación, a pesar de que conozcan los olores y los objetos familiares. El animal se preocupa debido al nuevo entorno. La casa es distinta, su zona de descanso no está en el mismo lugar, el jardín tiene otro olor, el vecino es distinto, e incluso su rutina de ejercicio puede cambiar debido a un nuevo estilo de vida. Hay personas y mascotas nuevas y desconocidas a donde vaya, y todo este asunto le provoca bastante preocupación.

Como no hay manera de que pueda explicarle la situación a su perro, debe hallar formas para mostrarle que las cosas siguen yendo bien, y que el nuevo hogar es un buen lugar en el que estar. Asegúrese de haber llevado su cama a la nueva casa. No la lave antes de la mudanza ni le compre una nueva. Hallará consuelo en los olores de su cama que le recordarán su viejo hogar, y pronto, los olores de su nueva casa también le serán familiares. Coloque su cama en una zona que represente el núcleo de la casa, desde la que podrá ver y oír a los miembros de su manada. Sus cuencos para la comida y el agua deberían estar en un lugar parecido a donde estaban en su vieja casa. Probablemente, el lugar más popular para los cuencos sea una esquina en la cocina.

Mudarse a un nuevo hogar implica ceñirse a la antigua rutina.
Hacer que las cosas sean lo más familiares que sea posible para el perro que se encuentra en un lugar nuevo le ayudará a que la transición le resulte más sencilla.

No compre una cama nueva para el perro en su nuevo hogar. La cama a la que está acostumbrado su perro supone un oasis que le consolará en medio de su confusión por encontrarse en un lugar nuevo.

No presente a su perro a todo el vecindario nada más llegar. Deje antes que se familiarice con el jardín y la zona circundante, y luego vaya incrementando el área a medida que empiece a mostrar signos de aceptación del jardín y las zonas cercanas. Recuerde que necesita acostumbrarse a los olores y señales territoriales de todos los perros de su nuevo vecindario. También necesitará descubrir cuáles son sus zonas favoritas para hacer sus necesidades, y eso siempre es algo divertido.

A medida que el animal empiece a familiarizarse con el entorno de su hogar, tendrá menos «accidentes» en casa. Puede acelerar este proceso haciendo lo mismo que hizo al proporcionarle su educación básica por vez primera. Puede elogiarle abundantemente cuando orine y defeque fuera de casa. Puede mostrarle lo complacido que está cuando le indica su necesidad de evacuar. Por último, puede ayudarle a acepar su nuevo hogar siendo constante con las viejas órdenes y frases de su antigua casa que él reconoce.

UN NUEVO BEBÉ

Mucho antes de que nazca el bebé, se puede ir acostumbrando al perro a la idea de que habrá otro miembro en la familia enseñándole la cuna, el carrito, la ropita del bebé y todos los complementos. Coja una muñeca y trátela como si fuera un bebé. Haga ver que la alimenta, la baña y la abraza. Mientras el perro observa e investiga sus nuevos comportamientos, no deje de tenerle en cuenta.

Cuando coloque la muñeca en la cuna, haga uso de ese presunto momento de la siesta para interaccionar con el perro. Llévele de paseo, juegue con él, cepíllele, abrácele y préstele la atención a la que está acostumbrado. Luego, cuando llegue el momento de volver a prestar atención al «bebé», el perro no se sentirá desplazado ni celoso debido a las muestras de cariño que tenga con aquél.

Cuando nazca el bebé, el perro se mostrará muy curioso por esta nueva «cosa», frecuentemente ruidosa, olorosa y con necesidades, que habrá traído a casa. Presente su perro al bebé con palabras suaves y dulces, al tiempo que le acaricia mientras él le olfatea. Asegúrese de que el perro sepa que su familia le quiere mucho. Muestre al perro, desde el principio, que el nuevo miembro de la familia es algo bueno, algo que le proporciona todo tipo de muestras de atención y de afecto extra.

Luego, para cuando el bebé sea ya un niño pequeño, el perro también le considerará como su bebé.

Una advertencia importante: nunca deje a un perro (cualquiera que sea su tamaño o su edad) y a un niño solos y juntos en la misma habitación. Asegúrese siempre de que haya un adulto presente cuando el niño esté con una mascota.

UNA SEGUNDA MASCOTA NUEVA

¿Está pensando en adquirir otro perro, un gato, un pájaro o un jerbo? Obviamente, la adición de una nueva mascota provocará algunas preocupaciones a su perro. Tenga por seguro de que, sin importar lo despreocupado que se muestre por la otra mascota, su perro se enterará y reaccionará.

Algunos perros muestran sólo un poco de curiosidad por la nueva mascota, sin importar de qué especie sea. Otros se ofenden y tratan al animal como a un intruso que debe ser expulsado rápidamente. Independientemente de lo que piense el perro de la nueva mascota, debe estar preparado para ayudarle a aceptarla.

Un nuevo bebé puede suponer una fuente de estrés para el perro, ya que se preguntará por qué, repentinamente, ya no es el centro de atención.

Un gatito suele ser aceptado con más facilidad que un gato adulto. Al igual que la mayoría de los animales, los perros suelen saber distinguir entre los bebés y los adultos de todas las especies. Al igual que permitió que el perro supiera lo importante que era para usted cuando llegó el nuevo bebé, debe repetir lo mismo con la nueva mascota.

Un perro nuevo, ya se trate de un cachorro o de un adulto, le exigirá ciertas atenciones, aunque deberá asegurarse de implicar al primer perro en la adaptación de su nueva mascota. El nuevo animal debería disponer de su propia cama (jaula), su comedero y bebedero. Debería ser vigilado en todo momento, y no se debería dejar solos a los dos animales hasta que se hayan acostumbrado el uno al otro. A algunos perros les llevará varios días acostumbrarse el uno al otro. A otros puede que les lleve más tiempo. Sin

El Pastor Alemán es una fiel raza de trabajo que suele adoptar el papel de protector de los miembros jóvenes de su familia.

Las tortugas cuentan con la ventaja de que su duro caparazón las protegerá del cachorro, pero es esencial que supervise las interacciones entre sus mascotas, para asegurarse de que vayan bien y no se generen peligros.

embargo, no deje a ambos perros sin vigilancia hasta que esté seguro de que se llevan bien. Puede ayudar a acelerar este proceso proporcionando muchas atenciones al primer animal, al tiempo que ayuda a la nueva mascota a acostumbrarse a su hogar y a su nueva rutina.

Si está pensando en traer un roedor a su casa, o incluso un conejo, debe tener mucho cuidado. La mayoría de los perros, y no sólo los Terriers y los Lebreles, consideran a los animales pequeños y peludos como presas. Cuando un jerbo o un conejo corretean por la cocina, el instinto natural del perro será el de darle caza y matarlo. No puede usted borrar un rasgo que lleva inmerso miles de años en el perro, así que ni lo intente. Mantenga al animalito dentro de su jaula, lejos de la vista, olfato y dientes del perro. Des-

Muchos perros y gatos comparten un hogar pacíficamente, como este Teckel y su compañero felino.

pués de un periodo de adaptación, las presentaciones cuidadosas y la abundancia de palabras dulces, puede que su perro acepte al conejillo de Indias, pero nunca deje a los dos solos: ¡nunca! Tenga en cuenta que si posee un perro de tipo Terrier, un Lebrel o cualquier otra raza que cace animales pequeños, lo mejor sería que la jaula de ardillas voladoras o de ratas de laboratorio se quedara en la tienda de mascotas. Un charquito de orina sería un problema bien pequeño en su hogar, que, de repente, bordearía el desastre.

En el caso de un pájaro nuevo, su jaula debe estar situada en un lugar seguro, alejada de las corrientes de aire y lejos del alcance del perro, por si acaso le da por tirarla para observar y estudiar de cerca el ave. Como los pájaros suelen asustarse en un nuevo entorno, mantenga el ave en la jaula durante varios días hasta que empiece a relajarse en su nuevo hogar.

Si el ave es un loro o un perico, haga que se acostumbre a usted antes de presentarle al perro. Haga que se siente en su mano o en una percha fuera de la jaula y lleve a cabo una rutina diaria en la que interaccione con ella sin que el perro esté presente. Una vez que el pájaro esté acostumbrado a estar fuera de la jaula, puede poner el collar y la correa al perro y llevarle a la habitación mientras el ave está fuera de la jaula.

Acérquense al ave lentamente y asegúrese de que el perro no se abalanza contra el pájaro ni le ladra. Mantenga al perro controlado mientras éste y el ave se van acostumbrando el uno al otro. Poco a poco, puede permitir que el perro esté en la habitación con el ave siempre que esté ahí para vigilarles. Nunca deje al ave a solas

Este Bull Terrier está muy interesado por su pequeño amigo. Hay que tener siempre mucho cuidado al presentar mamíferos pequeños a sus perros. Este tipo de animales nunca debería quedarse solo con un perro, incluso aunque se lleven bien, ya que pueden darse accidentes.

Probablemente, este cachorro de Golden Retriever no es lo que esta cacatúa entiende por un envío especial.

COPIAR

¿Sabía que los perros se educan los unos a los otros? Frecuentemente, un perro mayor le ayudará en la educación básica de un nuevo cachorro, simplemente mediante la observación. Cuando el cachorro vea al perro evacuar fuera de casa o sobre un papel dentro del hogar, lo más probable es que imite el comportamiento. Por otro lado, los perritos también copiarán los malos hábitos de los perros mayores. Así, deberá esforzarse al máximo por evitar que el cachorro observe los malos comportamientos del perro adulto y elogiarle cuando se comporte bien. Por ejemplo, si su perro mayor orina en un parterre, asegúrese de evitar que el cachorro se acerque a esa zona. Limite sus hábitos higiénicos al lugar donde quiere que evacue.

con el perro. Si el ave mueve las alas, aunque sea sólo un momento, podría asustarle y provocar que la ataque.

Simplemente un comentario sobre los perros que se conocen con el apelativo de «perros de pluma»: a estos perros no les gustan las aves, les encantan. Las cogerán y las llevarán en la boca de un lugar a otro. El problema es que estos perros suelen coger a las aves cazadas. En casa, esto se traduce en que su Golden Retriever coge, como si hiciera un cobro y sin ser consciente de lo que hace, a su cacatúa cuando ésta levanta el vuelo. Acabará usted con las manos llenas de plumas si decide traer un ave a casa y tiene un perro de caza.

En todos estos casos, los perros pueden adaptarse a la presencia en casa de una segunda mascota sin sentir que ya no son queridos ni que hayan dejado de ser un miembro importante de la manada. Sencillamente, lleva algo de tiempo y paciencia hacer que todo esto transcurra adecuadamente. Use el sentido común, tenga una actitud positiva con el nuevo animal y proporcione tiempo a ambos animales para que se adapten el uno al otro.

MALA SALUD Y MANEJO

Los «accidentes» dentro de casa suelen darse cuando el perro tiene una mala salud. Una alteración estomacal, un virus, una lesión dolorosa y una infección leve son sólo algunas de las razones por las que los perros que

Las razas de cobro tienen un instinto especial por las aves, tanto si las usamos en el campo como si no. Su deseo por cobrar aves hacen que supongan una mala elección en un hogar en el que haya pájaros.

ROBOS DE HECES

Si tiene un gato y tiene su cajón sanitario en un lugar al que el perro tiene acceso, éste probablemente se coma las heces del gato. A la mayoría de los perros les encantan las heces de los gatos, así que dé con un lugar en el que tener el cajón sanitario lejos del alcance del perro. Colocarlo encima de una secadora o en la bañera (no en la ducha) ayudará a mantener al perro alejado de él.

normalmente tienen unos buenos hábitos higiénicos pueden tener «accidentes» en casa. En todos estos casos, su veterinario debería supervisar la recuperación del perro. Medicar por su cuenta a su mascota puede ser peligroso y a veces puede amenazar su vida, así que vaya a ver a su veterinario para obtener ayuda.

El correcto manejo de su animal es una buena práctica en sus cuidados. Mantenerle en forma, feliz y sano es la mejor forma de tener un buen compañero. Una de las principales razones de una mala salud es un régimen de alimentación incorrecto. Al contrario que las personas, los perros no pueden tolerar cosas como las golosinas azucaradas, los aperitivos salados y las salsas picantes.

Los alimentos como la pizza, la comida mejicana, las carnes especiadas (como el salami, el jamón o el chorizo), las golosinas dulces y el chocolate son alimentos peligrosos para los perros. De hecho, el chocolate, además de las uvas, las pasas, los frutos secos y las cebollas, son tóxicos para ellos. No es recomendable alimentar al perro con lo mismo que come usted ya que, aparte de provocarle alteraciones estomacales (o algo pe-

Si la educación básica se torna muy difícil, o si su perro, que ya la ha recibido, vuelve a evacuar en lugares incorrectos, la primera opción debe consistir en una visita al veterinario, para así asegurarse de que la causa subyacente no sea un problema de salud.

or), esta comida carece de los nutrientes adecuados para su perro.

Pida a su veterinario que le recomiende una buena marca y una cantidad adecuada de un alimento comercial para perros. Pídale información sobre la adición de algún alimento extra, como huevos revueltos, pollo cocido o carne picada y hortalizas cocidas. Añadir alimentos extra a la comida normal del perro debería hacerse sólo ocasionalmente y en cantidades muy pequeñas, y no deben usarse para suplementar su dieta. Los alimentos comerciales para perros han sido formulados cuidadosamente para satisfacer las necesidades nutricionales del perro, tal y como determinan los estudios científicos.

Los miembros de la familia que cedan ante los ojos suplicantes de un perro pedigüeño y le den golosinas en forma de «comida para personas» pueden provocarle molestias estomacales y posiblemente diarrea, e incluso problemas más graves.

RESENTIMIENTO

El resentimiento puede aparecer a veces cuando un perro se siente abandonado por sus amos, que antes eran muy atentos con él. Como ejemplos, tenemos el nacimiento de un nuevo bebé o la llegada de una segunda mascota. Ésta es la razón por la que es tan importante integrar al nuevo bebé o animal en el hogar gradual y cuidadosamente. Asegurándose de que el perro nunca se sienta dejado de lado ni olvidado, le ayudaremos a aceptar al nuevo miembro y disfrutar con él.

Podemos encontrarnos con otro caso de resentimiento cuando a su perro le desagrada una persona. Un niño que haya tratado al animal con crueldad o un adulto que le haya regañado con excesiva severidad podría desencadenar síntomas de resentimiento en el perro. Incluso un invitado que haya maltratado al perro de una forma u otra, no será olvidado. Cada vez que esa persona vaya a su casa, el perro podría mostrar resentimiento ante su presencia. El animal puede alejarse de la persona, gruñir o huir y esconderse, orinar debido al miedo, o pegarse a usted para que le proteja de futuros malos tratos.

No permita que la gente maltrate a su perro. Puede que jueguen demasiado salvajemente o que asusten al perro de alguna forma que podría dejar en el animal una impresión permanente de miedo. Si tiene invitados que sospecha que podrían intimidar a su perro, puede evitar incidentes desagradables de-

¿Está su perro desarrollando conductas molestas sólo para que le preste atención? Si es así, revise su propio papel en este problema.

jando al animal en otra habitación o en su jaula mientras estas personas están en su hogar.

MICCIÓN POR SUMISIÓN

Este comportamiento es bastante normal en los cachorros y suele desaparecer cuando éstos maduran. Además, algunas razas muestran una mayor tendencia a la micción por sumisión que otras. El secreto para que estos cachorros superen este comportamiento es ignorarlo por completo.

Pongamos por ejemplo que saluda a su perro al volver del trabajo. Al agacharse para acariciar al animal, advierte cómo crece un charquito debajo de él. Su primera reacción será la de gritar: «¡No!», y regañarle por orinar dentro de casa. Mientras muestre que se ha dado cuenta de su «accidente», lo más probable es que el animal siga con este comportamiento.

Tenga cuidado con cómo acaricia y maneja a una mascota sumisa, ya que no querrá que su abrazo dé como resultado un charco.

En lugar de gritar y organizar un gran alboroto, inténtelo con la siguiente rutina. Cuando llegue a casa no salude al perro emocionadamente. En lugar de ello actúe despreocupadamente y dígale: «Vamos a la calle», al tiempo que se dirige hacia la puerta con su collar y su correa en la mano. Póngaselos con rapidez y diríjase directamente a su zona de ejercicio. Una vez que orine y esté seguro de que ha hecho lo que tenía que hacer, podrá saludarle dentro de casa. Para cuando vuelva a casa, la emoción del reencuentro habrá pasado y el perro estará tranquilo.

En el caso de un cachorro o un perro adulto o anciano que orinen siempre que les acaricie, haga ver que no se ha dado cuenta del «accidente». Una vez que el animal haya orinado, sáquele de la habitación, limpie el lugar y no le diga nada cuando le vuelva a meter en la habitación. Si no se le presta atención por estos «accidentes», pro-

bablemente se dará cuenta de que podrá llamar su atención de otras maneras. El secreto consiste en no dejarle ver cómo limpia su orina. En otras palabras: no verá, reconocerá, ni prestará atención al animal por este hecho.

Además, en lugar de agacharse para acariciar al perro, enséñele a acercarse a su mano haciendo que eleve la cabeza y le mire a la cara. Cuando lo haga, acaríciele debajo de la barbilla y por los lados de la cara. Acariciar a un perro sumiso en la parte superior de la cabeza o alrededor de su cara hará que orine por sumisión. Manteniendo su mano debajo de su barbilla y en los lados de su cara y los hombros, el perro no reaccionará sumisamente.

PROBLEMAS CON LOS VIAJES

Viajar con su perro puede ser divertido, y no deberían surgir problemas si ha enseñado a su animal las normas de la carretera. Tener un perro que haga sus necesidades correctamente en distintos lugares y circunstancias hará que viajar con él sea una experiencia divertida. La mayoría de los perros que participan en las exposiciones caninas se educan para que hagan sus necesidades cuando reciben la orden. Así, se deberá comenzar con el adiestramiento para los viajes bastante antes de que los inicie.

Cuando saque a su perro de casa para hacer ejercicio y sus necesidades, adquiera el hábito de decirle: «Vamos fuera», o «Tiempo de lavabo», o «Hazlo» (o cualquier otra frase que quiera usar para que evacue). El perro pronto empezará a establecer una relación entre hacer sus necesidades y esa orden.

Un perro que haya recibido su educación básica, haya sido socializado y tenga buenas maneras se adaptará a las situaciones nuevas y será apreciado allá donde le lleve.

Cualquier tipo de adiestramiento supondrá un mayor reto cuando se encuentren entre las distracciones de un nuevo entorno que el perro no pueda esperar a explorar.

Una vez lo haga, llévele a otros lugares durante sus ratos para hacer ejercicio. Al principio, no se aleje demasiado de la zona donde evacua. Use la orden normal que le da para que haga sus necesidades, y cuando responda orinando o defecando elógiele abundantemente.

Recuerde que el perro está acostumbrado a hacer sus necesidades en una zona de su territorio, que suele ser un lugar en el que hay césped que tiene el olor familiar de defecaciones anteriores. Cada vez que vuelva a la zona, contará con una estimulación para evacuar de nuevo.

Llevar al perro de viaje con usted puede generar un nuevo surtido de problemas al animal. Por ejemplo: seguramente esperará de él que evacue en lugares con el suelo de cemento o piedra, que son totalmente nuevos para él. Es como llevar a un perro de campo a la ciudad y esperar que acepte una calle como la zona en donde hacer sus necesidades. Además, no podrá condicionar al perro a estas superficies, que son nuevas y distintas. Como resultado, probablemente se aguantará las ganas de orinar y defecar, para no tener un «accidente» en un lugar desconocido. Esto acabará dando lugar a que el perro tenga verdaderos «accidentes» en la habitación del hotel o del motel, o en la casa de familiares o amigos a los que esté visitando.

Durante el proceso de adiestramiento previo a su viaje, tenga paciencia con el animal hasta que averigüe

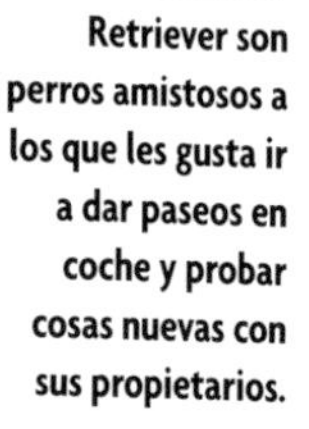

Los Labrador Retriever son perros amistosos a los que les gusta ir a dar paseos en coche y probar cosas nuevas con sus propietarios.

Para un Beagle, unos pocos olfateos en la hierba son como leer el periódico... le dirán quién ha estado ahí, cuándo, con quién y qué está pasando.

qué es lo que espera de él. Puede llevarle varias semanas acostumbrarse a evacuar en distintos lugares y situaciones, pero acabará por aprender. Los elogios que obtenga cuando cumpla harán que la lección sea más fácil y agradable. Por último, lleve siempre una bolsa de plástico para recoger los excrementos de su perro.

ZONAS EN LAS QUE HUBO «ACCIDENTES» PASADOS

Los perros tienen un olfato miles de veces más fino que el de las personas. Por ejemplo, aunque usted crea que ha hecho una buena limpieza de un «accidente», su perro seguirá oliendo la orina o las heces bastante tiempo después de su limpieza.

El olor de la orina y las heces estimula al perro a evacuar, y es por ello por lo que los perros usan siempre el mismo lugar como «lavabo». Así, para prevenir un accidente, el trabajo de limpieza debe incluir la eliminación de los olores que le acompañan.

Los perros macho, en concreto, muestran una especial tendencia a orinar y defecar en aquellos lugares que tienen el olor de evacuaciones pasadas (ya sean suyas o de otros perros). Es su forma de marcar el territorio. Algunas hembras marcan con frecuencia, y también conservarán este hábito a lo largo de toda su vida.

Las superficies duras, como las baldosas y el parqué, son fáciles de limpiar y desodorizar si recoge la orina o las heces con servilletas de papel. Use una solución jabonosa con agua caliente y un detergente para limpiar la zona. Enjuáguela y deje que se seque. Cuando esté seca, aplique alguno de los productos comerciales para desodorizar lugares en los que las mascotas han evacuado. Algunos consisten en

¡AHÍ ESTÁ!

Si usa amoníaco para limpiar un charco de orina, lo más probable es que el perro vuelva a usar ese lugar. Esto se debe a que la orina contiene amoníaco. De aquí que el perro huela, más adelante, el amoníaco del producto de limpieza y orine de nuevo en ese lugar para volver a marcar su territorio.

aerosoles, lo que hace que esta operación sea muy sencilla.

Limpiar una zona enmoquetada sigue el mismo proceso, salvo porque será necesario absorber la orina con servilletas de papel antes de lavar. Coloque varias capas de servilletas de papel y apriete (o incluso píselas). Esto hará que la orina sea absorbida por las servilletas. Repita el proceso con más servilletas hasta que la zona esté prácticamente seca. A continuación, use el agua templada jabonosa, como antes. Enjuague bien y seque de nuevo. Espere a que la zona esté completamente seca antes de aplicar el desodorizante. Si se han dado varios accidentes, quizás deba aplicar algún tipo de champú en la moqueta y pasar luego un aspirador que pueda aspirar agua, para así limpiar la alfombra o moqueta verdaderamente bien.

En el caso de las heces en la moqueta, retírelas y cepille bien la zona con agua jabonosa templada. Use servilletas de papel para absorber el agua. Enjuague bien y seque con las servilletas. Cuando la zona esté completamente seca, aplique un desodorizante.

Uno de los mejores desodorizantes que conozco consiste en una solución, a partes iguales, de agua y de vinagre blanco, ya que el vinagre neutraliza el amoníaco de la orina. En el caso de una alfombra, siempre aplico antes esta solución en un lugar que quede escondido para asegurarme de que el vinagre no decolore la alfombra ni que deje una mancha. Si decide usar un producto comercial, encontrará una selección apreciable en cualquier buena tienda de mascotas. Si no está seguro de qué producto adquirir, los empleados de la tienda le recomendarán gustosos. Los limpiadores basados en ingredientes naturales suelen ser los más efectivos.

Si mantiene su casa libre de olores de evacuaciones y ofrece al perro una zona constante para hacer sus necesidades fuera de casa y oportunidades frecuentes para usarla, no le llevará mucho tiempo tener una mascota con unos buenos hábitos higiénicos. Una vez más, la paciencia, los elogios y un correcto manejo serán claves para el éxito.

EL MENSAJE INCORRECTO

Cogí el teléfono y una voz femenina joven dijo:

–¿Es Charlotte?

–Sí –le respondí.

–Soy Mary, y me estoy volviendo loca. No es que esté enfadada, pero estoy perdiendo los nervios y necesito su ayuda –dijo en un tono de voz suplicante.

–¿Cómo puedo ayudarle? –le dije.

–Tengo una encantadora cachorrita de Shih Tzu de cinco meses, pero voy a tener que dársela a otra persona. Me parece que no consigo enseñarle su educación básica y me está volviendo loca. Ya no puedo soportar sus evacuaciones en casa, y mi marido se siente igual que yo. No queremos tener que dársela a otra persona, pero no podemos seguir así otra semana.

Así empezó mi implicación en un problema típico más de la educación básica que parece afectar a docenas de familias con un cachorro nuevo. Pero no todo está perdido, y eso es lo que le dije a Mary cuando hablamos.

–Unas pocas consultas privadas y usted y su perrita estarán en la misma onda en lo que se refiere a evacuar

Incluso aunque mucha gente se siente atraída por las razas miniatura debido a su pequeño tamaño, su encantadora personalidad y su aspecto atractivo, su educación básica puede resultar difícil.

dentro de casa y mantener su hogar limpio –le aseguré.

–¿Puede venir a verme mañana por la mañana?

Al día siguiente Mary y Stan, su esposo, trajeron a Freckles con ellos. Tal y como Mary dijo, era una cachorrita cariñosa y encantadora. Era un animal que estaba atento, era solícito, quería complacer, y estaba un poco pagada de sí misma (como lo estaría cualquier otro Shih Tzu).

El programa que les expliqué a los tres empezó ese mismo día. Ha funcionado bien para cientos de propietarios de perros con el mismo problema. Es fácil de implantar y se obtienen resultados positivos rápidamente. Empieza averiguando por qué el animal hace lo que hace y sabiendo cómo comunicarle lo que espera de él.

Al principio, Mary me dijo que ella y Stan pasaban horas paseando a la perrita por el vecindario. Por callejones, por el campo y en zonas con hierba al lado de carreteras concurridas. A Freckles le encantan los paseos y pasa el tiempo olisqueando todo lo que puede, y se fija en las cosas emocionantes que tiene a su alrededor, como las mariposas que levantan el vuelo y se posan, las hojas que se mueven por el viento, los periódicos arrastrados por la calle, el conejo que sale corriendo a su paso. Cada paseo es una aventura para Freckles, y vuelve a casa agotada y contenta tras esa excursión.

Sólo hay un problema. En ningún momento, durante ese paseo de media hora, se detuvo para orinar o defecar. Estaba demasiado ocupada como para pensar en eso durante el paseo. Sin embargo, una vez en casa, Freckles se fue corriendo al comedor, donde orinó. Luego, al cabo de un rato, fue al salón, donde defecó. Poco después, volvió al cuarto de estar, donde se enroscó en su cama blandita y se quedó dormida.

Cuando Mary se encontraba con los «accidentes», los limpiaba y regañaba a Freckles, al tiempo que se preguntaba por qué no funcionaba la educación básica. ¿Acaso se suponía que debía quedarse en la calle hasta que Freckles evacuara? ¿Debía olvidarse de hacer que su mascota evacuara fuera de casa y usara papel de periódico dentro de su hogar, cosa que ella y Stan no querían? ¿Debería pegar a Freckles cada vez que evacuara dentro de casa? ¿Debería pasar por alto estos accidentes y esperar que la madurez resolviera este problema? ¿Durante cuánto tiempo podría vivir en una casa sucia que oliera frecuentemente a heces y/o amoníaco?

Desesperada, Mary llamó a su veterinario, que le recomendó que llamara a «esta buena adiestradora que vive cerca» (es decir, una servidora). Y así empezó el programa de adiestramiento. Por lo que parece, Freckles obtenía un mensaje equivocado de Mary y Stan. Para Freckles, esos largos paseos diarios eran como aventuras de exploración, y cada día era distinto, por lo que la perrita nunca se cansaba de los paseos. Después de todo, ¿a qué perro no le gusta ver y oler cosas nuevas y emocionantes? ¿Y quién tiene tiempo de pensar en la necesidad de evacuar en medio de una aventura?

Aquí está el plan que les recomendé. En primer lugar, proporcionarían a Freckles un adiestramiento de jaula y, cuando no estuviera en la jaula, estaría en todo momento en la misma habitación que Mary o Stan. Ya no se le proporcionaría la libertad para caminar sola por la casa para orinar o defecar. Además, Freckles llevaría puesta una correa siempre que no estuviera dentro de la jaula. Sólo cuando estuviera en su interior, no llevaría el collar ni la correa que se le ponía en casa o la que llevaba cuando salía a pasear.

Una correa para estar en casa consiste en una cuerda larga y fina que nos une al collar del perro. Su objetivo es doble. Es como una manta de seguridad para el animal. Cuando la lleva puesta se siente unido a su manada (sus propietarios) y, por tanto, se siente seguro. A éstos les proporciona la capacidad de controlar al perro en todo momento. Por ejemplo, si quieren que el perro haga algo, como que acuda hacia ellos, todo lo que tienen que hacer es llamarle en un tono de voz alegre y dar un suave tirón a la cuerda, que el perro arrastra de un lugar a otro. Incluso aunque el perro esté en la misma habitación que sus propietarios, la cuerda se convertirá en una extensión de la conexión entre el perro y los líderes de la manada.

Para elaborar una correa para casa, compre una cuerda de nailon de dos metros similar a la que se usa en los estores. Adquiera un cierre pequeño, similar al que podemos ver en cualquier correa. Ate el cierre a un cabo de la cuerda, pero no haga un lazo en el otro extremo. Deje ese extremo tal cual, para que así no se enganche a los muebles o a las puertas. Así, la cuerda se deslizará bien detrás del perro mientras éste se desplaza por la habitación. Lo más importante es que nunca debe dejar al perro solo mientras lleva esta correa. Si debe quedarse solo, métale en la jaula: esto no admite discusión.

Siga las normas de la autora para el adiestramiento de jaula. Asegúrese de que al perro le encante su jaula y permanecer en su interior. Si no le gusta estar en ella, hay posibilidades de que no haya aplicado el énfasis suficiente en los métodos de adiestramiento positivo. No obstante, si ése es el caso, no desespere. Sencillamente, vuelva al principio y repita el programa de adiestramiento. Hasta puede darle una galletita para tentarle y recompensarle

Al igual que este ejemplar, todos los Shih Tzu que han recibido su educación básica conocen el valor de su jaula.

Recompense a su cachorro con elogios y una golosina tan pronto como haya hecho sus necesidades, para que establezca una relación entre evacuar y una experiencia positiva, y así capte la idea de por qué está ahí.

para que se meta en la jaula durante el proceso de readiestramiento.

En el caso de un perro problemático, asegúrese de ceñirse a un programa de ejercicios factible basado en la edad del animal. Sin importar la edad del perro, debe disponerlo todo de forma que el animal salga fuera tanto como sea necesario. Lo importante sobre el sacar a Freckles a la calle es la forma en que lo haga, y no el tiempo durante el que lo haga. Antes deberá decidir qué zona quiere que use el perro como «lavabo». Como ha visto, pasear por todo el vecindario no aporta resultados positivos para la enseñanza de la educación básica. Al igual que las personas disponen de baños y lavabos, Freckles debe disponer de una zona que asocie con la evacuación. No se trata de una zona de juegos, ni de exploración, ni de reunión con los vecinos. Es un lugar en el que debe hacer sus necesidades y nada más.

Con su correa y su collar puestos, diríjase a la zona para evacuar cada vez que saque al perro de la jaula. Esté ahí cinco minutos, y no más, e ignórele mientras olfatee e investigue ese lugar. Por cierto, esa zona no debería medir más de 3 x 4,5 metros. No le proporcione todo el jardín, ya que si no le confundirá por completo de nuevo.

Si evacua durante esos cinco minutos, recompénsele con una galleta, elógiele abundantemente y vuelvan a casa de inmediato. Una vez dentro, deberá unirle a la cuerda y proporcionarle libertad para jugar con usted en la misma habitación. Si no evacua durante el rato que ha pasado fuera de casa, regresen a casa y vuelva a meterle en la jaula.

Espere media hora y vuelva a ponerle la correa y sáquele a la zona para hacer sus necesidades. Una vez más, quédese quieto de pie y permita que olfatee, pero no le hable. Tarde o temprano, tendrá que evacuar, y cuando llegue ese momento le recompensará y elogiará alegremente. Luego vuelva a llevarle a casa, átele a la cuerda y dele libertad en la habitación.

Dependiendo de su edad, debería saber, por su experiencia pasada, durante cuánto puede aguantarse antes de que necesite volver a salir. Asegúrese de que le siga mientras va de una habitación a otra. Vigílele de cerca y anticípese a sus necesidades en cualquier momento en que le vea dando vueltas en círculos u olisqueando como si fuera a orinar o defecar. Llegado ese momento, sáquele rápidamente a su zona, fuera de casa, y repita la rutina en silencio de los cinco minutos. No hablándole cuando está en esa zona, permitirá que se concentre en los olores del lugar, además de en el objetivo por el que está ahí. Si le habla no se concentrará en la razón por la que está ahí.

Pronto empezará a anticipar la salida a esa zona, y puede que incluso se lo haga saber, mediante algún comportamiento especial, que quiere salir fuera. Un pequeño gimoteo, un ladrido breve, caminar alejándose y acercándose a la puerta, y yendo hacia usted como si quisiera decirle algo son signos que los perros proporcionan para expresarle que necesitan evacuar. A medida que el perro madure, desarrollará sus propias señales. Obsérvelas y apréndalas.

Mientras esté readiestrando al perro, ya no dará esos largos paseos por la ciudad. Sólo cuando haya completado su educación básica, podrá enseñarle que el exterior es un lugar para divertirse y jugar, además de para evacuar. No confunda al animal mientras esté aprendiendo. Limite las salidas al exterior a la evacuación. Jueguen dentro de casa hasta que tenga unos buenos hábitos higiénicos y sea fiable, y nunca juegue en la zona donde hace sus necesidades, ya sea durante el proceso de la educación básica o después del mismo: ¡se trata de su cuarto de baño!

El final de la historia de Freckles es feliz. Mary y Stan siguieron la rutina para la educación básica que les recomendé. Al cabo de tres días de uso de su nueva zona, Freckles orinaba en el césped y Stan lo celebró gustoso con ella. Ese mismo día también defecó fuera de casa. También demostró claramente que había creado una conexión entre el premio consistente en una galletita y el hacer sus necesidades en su zona. Tres semanas más tarde, Mary y Stan pensaron que su adiestramiento era destacable, y están muy contentos de que Freckles se vaya a quedar con ellos para siempre.

Todavía lleva la cuerda para estar en casa y parece disfrutar con ella. Está muy segura de sí misma cuando la lleva puesta. Ahora Stan empezará a reducir su longitud unos 30 cm por semana hasta que sólo mida 15 cm. Dependiendo de su reacción ante este trocito de cuerda que colgará de su collar, quizás quiera llevarlo siempre puesto o lo considere innecesario. Esto dependerá de Freckles, y Stan y Mary sabrán lo que quiere mediante sus acciones. Cuando llegue el momento, Freckles podrá vivir sin ella. Estará llena de confianza y segura, y ya no obtendrá un mensaje equivocado de los miembros de su manada.

SEIS MESES DE PACIENCIA

La mayoría de los perros pueden recibir su educación básica en entre siete y catorce días. Recuerde que los cachorros no poseen un pleno control muscular de sus funciones excretoras hasta los seis meses. Así, es necesario proporcionarles medios para evacuar hasta que hayan madurado.

EVACUAR FRENTE AL MARCADO TERRITORIAL

¿CUÁL ES LA DIFERENCIA?

Un perro evacua cuando su cerebro le indica que ha llegado el momento de vaciar su vejiga. Es un suceso meramente funcional diseñado por la naturaleza para eliminar del cuerpo los líquidos de desecho y cualquier impureza de los riñones. Este comportamiento es una función corporal necesaria tanto para los machos como para las hembras. Los perros y otros animales no podrían sobrevivir sin este comportamiento normal.

El marcado es usado, principalmente, por los perros macho como método de comunicación. Los perros usan el comportamiento de marcado para indicar a otros congéneres que han estado en una zona concreta y que reclaman ese territorio como sus dominios. El marcado se lleva a cabo con precisión y suele repetirse muchas veces en una única zona. Por ejemplo, un macho puede levantar la pata y marcar un punto en el tronco de un árbol. En ocasiones, una hembra dominante desarrollará también comportamientos de marcado territorial.

El marcado consiste, simplemente, en unas pocas gotas de orina, nunca en grandes cantidades. De este modo, el perro deposita sólo la cantidad de orina suficiente que le servirá como su identificación, reservando así orina para marcar otros lugares. Como contraste, cuando un perro orina para aliviar su vejiga, halla un lugar idóneo y la va-

El único lugar adecuado para que un perro del tamaño de un San Bernardo haga sus necesidades es fuera de casa.

cía por completo. Como consecuencia, los lugares donde se efectúa un marcado territorial son a veces difíciles de ver, mientras que los sitios en los que el perro orina son fáciles de ver, ya que aparecen unos charcos.

Cuando estos dos comportamientos se dan dentro de casa, pueden suponer una serie de problemas para el perro, para el propietario y para el propio hogar. Cuando un perro tiene un «accidente» dentro de casa, el charco resultante suele encontrarse fácilmente. Tras ellos el propietario suele limpiarlo con presteza.

Por otro lado, el marcado dentro de casa puede suponer un verdadero problema. Como en estos lugares hay una cantidad tan pequeña de orina, hallarlos suele ser imposible. Si el culpable es un perro de una raza pequeña o miniatura, éste podría marcar dentro de casa durante años antes de que descubriéramos su hábito.

Sé de un caso que probablemente llevara sucediendo varios años antes de que los propietarios se dieran cuenta de la situación, y no fue hasta que las personas empezaron a captar un olor extraño cuando se dieron cuenta del problema. «Al principio no podíamos imaginar qué era ese olor», dijo la mujer. «Pero una día, mi marido mencionó que el olor le recordaba al de la orina. Mi Yorkie, Tiger, ha recibido su educación básica, así que nunca sospechamos que fuera el culpable. Unos días más tarde descubrimos que la esquina de nuestra colcha se había vuelto de un color amarillo oscuro. Toqué la alfombra que había debajo y noté que estaba húmeda. Cogí una servilleta de papel para absorber la humedad de la alfombra, y fue cuando vimos que se trataba de orina.»

«Una posterior investigación por la casa nos mostró varios de los lugares favoritos de Tiger, como una esquina del sofá, una de las puertas del salón y un diván en el cuarto de estar. Estábamos sorprendidos de que llevara tanto tiempo haciéndolo pero que no nos

Los machos conservan a veces el comportamiento de ponerse en cuclillas cuando orinan para aliviar su vejiga.

LA HABITACIÓN/COCINA FRENTE AL BAÑO

Como norma, los perros no evacuarán cerca de su cama ni su comida. Así, cuando esté adiestrando a su perro para que haga sus necesidades dentro de casa, asegúrese de que la zona para evacuar no esté cerca de la zona donde duerme o come. De hecho, lo mejor es adiestrar al perro para hacerlo sobre papel en una habitación distinta a donde come y duerme. Hacer esa clara distinción le ayudará a aprender con rapidez.

Su masculino perro de tipo dogo, incluso aunque esté castrado, desarrollará un comportamiento de marcado territorial con mayor probabilidad que un perro más sumiso.

hubiéramos dado cuenta hasta que la casa empezó a oler», explicó.

Esto es muy típico de las razas miniatura, que marcan indiscriminadamente dentro y fuera de casa. Los machos enteros (no castrados) suelen mostrar este comportamiento. Los instintos naturales hacen que exista una necesidad para el marcado territorial, para así advertir a otros machos que se mantengan alejados. Los perros grandes que marcan dentro de casa suelen ser descubiertos pronto, ya que la cantidad que depositan en los muebles y las puertas suele ser lo suficientemente grande para detectarla fácilmente. Y si hay una hembra entera en el vecindario, marcarán todavía más regularmente.

Castigar al perro por marcar no suele tener éxito, ya que sus hormonas (y no tanto las normas de conducta aprendidas) dictan su comportamiento. Así, castrar a un macho antes de que su organismo empiece a producir testosterona ayudará a limitar este comportamiento al exterior de su hogar, donde estará presente el olor de otros machos. Incluso este comportamiento puede controlarse mediante el adiestramiento del perro, de forma que no marque en lugares no deseables.

Los perros dominantes tienen más posibilidades de marcar que los sumisos. Así, es al propietario a quien le incumbe observar a su cachorro mientras se desarrolla y madura, para así determinar si éste encaja en el orden jerárquico del hogar. Por ejemplo, una clase de adiestramiento para perritos de menos de veinte semanas o un cursillo de obediencia básica para perros de más de cinco meses puede obrar maravillas, en este aspecto, para el perro y el propietario.

En primer lugar, el propietario sabrá qué tipo de personalidad tiene su animal. Le enseñarán cómo adiestrar al perro para que se controle y a mostrarle cómo, cuándo y dónde evacuar. El propietario también enseñará al perro a no marcar en lugares incorrectos. Por último, también aprenderá cosas sobre la castración y la esterilización, y por qué estas operaciones ayudan a dar lugar a un compañero canino ideal.

En el caso de Tiger (el pequeño Yorkshire) y de otros perros como él, la castración a una edad más avanzada, mucho tiempo después de que el macho haya asentado el hábito de marcar el territorio dentro y fuera de casa, puede solucionar, o no, este problema. En algunos perros, la reducción en la producción de testosterona provocará una pérdida del deseo de marcar el territorio, mientras que en otros perros, el hábito está tan asentado que seguirán marcando. Ésta es la razón por la que es tan importante castrar y esterilizar a los perros cuando son jóvenes, antes de que sus hormonas provoquen el surgimiento de estos comportamientos no deseables.

Los Caniches de todos los tamaños son conocidos por ser unos perros muy inteligentes y fáciles de adiestrar, así que no es sorprendente que sean unos compañeros tan queridos.

EL PERRO «TODOTERRENO»

Muchos propietarios adquieren sus mascotas con la idea de que sean unos compañeros activos que encajen en su estilo de vida. Por ejemplo, hay personas que llevan a su perro consigo cuando van de compras. Otros frecuentan restaurantes que disponen de terrazas, de forma que sus perros puedan acompañarles.

Hace no mucho, una amiga y yo fuimos de viaje a St. Petersburg (Florida). Mi amiga trajo a su encantadora Caniche Toy, Molly. Comimos en un restaurante que admitía perros. Molly se sentó en una silla, al lado de la mesa y en ningún momento hizo nada que nos molestara o avergonzara. Le dimos un par de galletitas y la camarera le trajo un cuenco con agua.

Molly se quedó muy tranquila en la silla mientras disfrutábamos de una entretenida comida. Durante todo el rato, un torrente de clientes caminaba al lado de nuestra mesa, y se detenían para admirar lo bien educada que estaba nuestra compañera. Al marchar, la camarera nos dijo que atendernos había sido todo un placer. Ni que decir tiene que nos fuimos sintiéndonos muy orgullosas de Molly.

Mientras salíamos del restaurante, Molly trotaba a nuestro lado, aunque nunca se detuvo para olisquear o po-

ELIMINE LO NEGATIVO

La mayoría de los perros de trabajo bien adiestrados (perros de guarda, perros policía, perros lazarillo y perros de asistencia para las personas sordas) es acostumbrada para que evacuen cuando se lo ordenen. Enseñar al perro a controlar los momentos y lugares en que hace sus necesidades es de ayuda para que se centre en lo que quiere que haga con usted.

Los perros que acompañan a sus propietarios a todos los sitios deben estar bien educados y tener unos buenos hábitos higiénicos, sin importar dónde estén.

nerse en cuclillas para marcar el territorio. Sin embargo, alguna vez la había visto marcar algún punto. ¿Por qué no marcó en el restaurante, que era un lugar nuevo para ella?

Respuesta: Molly fue adiestrada para marcar de forma selectiva. En otras palabras, mi amiga enseñó a Molly que hay momentos y lugares para el marcado, e indicaba a la perra cuándo era el momento adecuado. Molly ha obedecido siempre esa norma desde que recibió su educación básica de joven.

Otro amigo tiene un encantador Golden Retriever de nombre Johnson. Este perro grande va con su propietario al trabajo, a hacer la compra, a pescar, a montar en barca y a clases de obediencia avanzada, y nunca marca de forma inadecuada. Al igual que Molly, Johnson fue educado para marcar cuándo y dónde estuviera permitido. El perro nunca levanta la pata en público ni en lugares nuevos, a no ser que le den la señal para hacerlo.

Ambos perros son llevados con frecuencia a las casas de los amigos de sus propietarios, aunque nunca han mostrado un comportamiento de marcado, incluso aunque estos lugares sean desconocidos para los animales. Seguramente no haya nada más vergonzante que llevar al perro a casa de un amigo y que el animal levante la pata sobre un mueble. Puede estar seguro de que si eso sucede, su perro nunca más será bienvenido en la casa de esa persona.

A pesar del hecho de que el marcado es un comportamiento instintivo, se puede enseñar a los perros a controlarse con respecto al marcado. No es difícil enseñar a un perro a que no marque a no ser que se le dé la señal de «OK». El adiestramiento para el marcado controlado y la micción en general para ambos sexos comienza con la identificación clara de un lugar concreto donde el perro podrá evacuar. Si intenta orinar o defecar en una zona inadecuada, dé un tirón breve y ligero de la correa para llamar su atención. Al mismo tiempo dígale «¡No!», y llévele de inmediato a una zona que considere adecuada. Tan pronto como empiece a olfatear esa zona adecuada, dígale «Buen perro. Hazlo» (o cualquier otra orden que use para indicarle que evacue).

Una vez que el perro aprenda a orinar y/o marcar en la zona donde hace sus necesidades, puede expandir este comportamiento proporcionándole más zonas para usar. Lleve al animal a una zona nueva cada vez, y asegúrese de usar la orden normal para que haga sus necesidades cada vez que le saque fuera de casa. Al final, el perro responderá a su orden allá donde esté. Así, cuando vaya a visitar a alguien, o lleve al perro a lugares públicos, se aguantará hasta que le lleve a un lugar concreto en el que le dé la orden para hacer sus necesidades.

Si lo piensa, nunca verá a perros de servicios marcar u orinar en lugares inadecuados. Los perros lazarillo, los perros de asistencia que ayudan a las personas con minusvalías y los perros policía llevan una vida atareada. Viajan a muchos lugares, pero nunca rompen las normas respecto a evacuar o marcar el territorio. Es interesante ver que muchos perros policía son machos enteros, pero que con el adiestramiento adecuado han aprendido a controlarse. También podemos adiestrar a los perros mascota para que tengan estas buenas maneras. Sólo es necesario saber cómo, algo de paciencia, determinación, elogios y el deseo de tener un perro limpio del que pueda sentirse orgulloso.

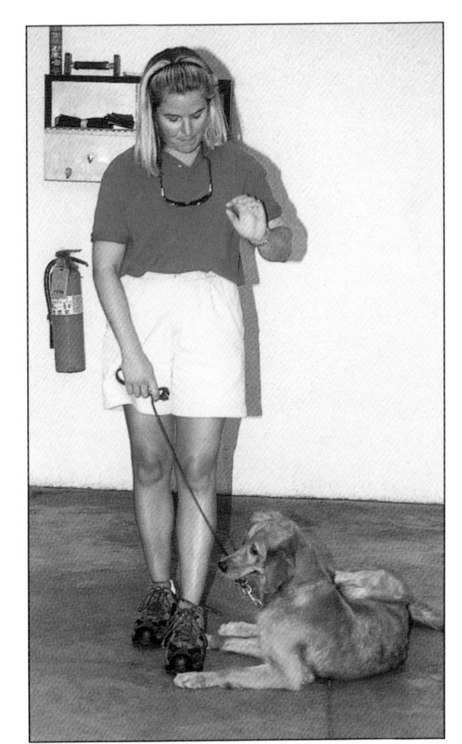

Un perro lazarillo durante su adiestramiento. La mayoría de perros que llevan a cabo este tipo de servicios son educados para hacer sus necesidades cuando se lo ordenan, para que, así, sus momentos para evacuar no interfieran en su trabajo.

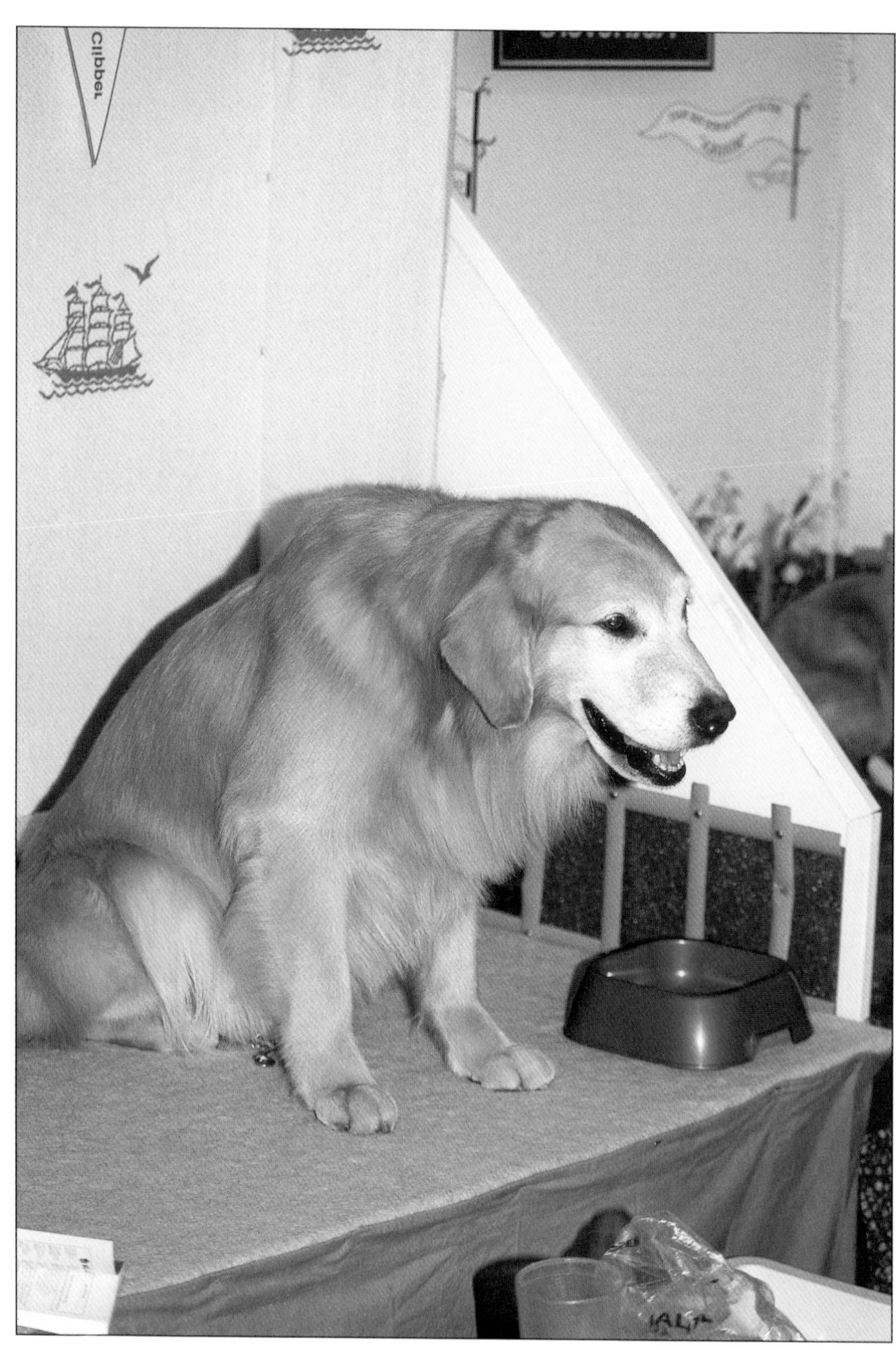

Un Golden Retriever anciano. Las personas y los perros compartimos uno de los rasgos más notables al envejecer: nos salen canas.

EL PERRO ANCIANO

El éxito que consiga con la educación básica de su cachorro se prolongará durante la edad adulta de su perro, aunque pueden empezar a darse problemas una vez que el animal entre en la ancianidad. Los perros ancianos pueden pasar a tener unos malos hábitos higiénicos debido a la confusión que puede acompañar a la vejez (lo que recibe a veces el nombre de disfunción cognitiva), además de problemas de salud y varios otros factores.

¿QUÉ ENTENDEMOS POR ANCIANO?

Las distintas razas caninas envejecen a ritmos diferentes. Los perros mestizos suelen envejecer a un ritmo que es único para cada animal, ya que su genética es también distinta. Por ejemplo, un cruce de Labrador Retriever y Cocker Spaniel puede mostrar signos de envejecimiento a los seis años, mientras que uno de sus hermanos quizá no los muestre hasta cumplir los diez.

En general, los perros de razas pequeñas suelen vivir más que los de razas grandes y gigantes. Una facultad veterinaria llevó a cabo un programa de investigación sobre los perros que envejecían. Examinaron a una amplia variedad de razas caninas miniatura, pequeñas, medianas, grandes y gigantes. Los resultados del estudio mostraron que los Dogos Alemanes, por ejemplo, eran ancianos a los seis años. Algunas razas miniatura viven dieciseis o diecisiete años. La esperanza media de vida para un perro de talla mediana es de entre diez y trece años. Como cada raza es única y el estado de salud general influye en la longevidad del perro, los propietarios deberían consultar con los criadores y los veterinarios para conocer la esperanza de vida de su animal y cuándo entrará en la ancianidad. Por lo

Los Bichones Malteses, al igual que muchos perros de pequeño tamaño, tienen una esperanza de vida larga, y suelen vivir bastante más de diez años.

Puede que el veterinario le sugiera que vuelva a un programa de tres comidas diarias para su perro anciano. También deberá incorporar salidas extra cada día para que el animal evacue, de modo que también supongan una rutina constante.

que respecta a los cuidados de la salud, los veterinarios consideran que los perros son ancianos a los siete o los ocho años.

Hay un rasgo adicional del envejecimiento que es común a la mayoría de los mamíferos, incluidos los perros, y se trata de la actitud mental. Se suele hacer referencia a ella como las «ganas de vivir». Al igual que sucede con las personas, las ganas de vivir suelen ser las responsables de la supervivencia de un ser vivo a pesar de que existan muy pocas probabilidades, como cuando se padece un cáncer u otras enfermedades crónicas.

Existen cientos de historias de perros heridos en accidentes que deberían haber muerto, pero alguna fuente de fortaleza invisible e inexplicable toma control de ellos y desafían a la muerte. Por otro lado, hay otros que parecen tener un derrotismo innato. Lloran y gimotean ante molestias y problemas leves. Tienen una actitud completamente negativa para luchar y sobrevivir. No hay adiestramiento o interacción y apoyo humano que parezca ayudarles a desarrollar una fuerza interior. Parecen predestinados a sucumbir ante las dificultades de la vida, sin importar su grado de intensidad. En estos casos hay poco que hacer para cambiar el curso de los sucesos que dan lugar al fin de la vida. Afortunadamente, estos perros negativos son escasos y raros.

NORMAS HIGIÉNICAS PARA LOS PERROS ANCIANOS

A medida que su perro vaya envejeciendo, lo más probable es que deba limitar el tiempo durante el que estará en su jaula. Aunque puede que cada vez duerma más, sus articulaciones rechinarán un poco y le costará levantarse y desplazarse. La artritis hace que la jaula sea cada vez menos cómoda para su perro. Deberá vigilarle de cerca, animarle a salir a la calle con frecuencia, darle tiempo suficiente cuando esté fuera de casa y estar preparado para tener que salir en plena noche para que haga sus necesidades.

Hay gente que cree que los perros mestizos son animales más resistentes y que viven más años, ya que no tienen tendencia a padecer los problemas de origen genético que sí se dan en los ejemplares de pura raza, mientras que algunos creen que esta teoría del «vigor híbrido» de los animales cruzados es un mito.

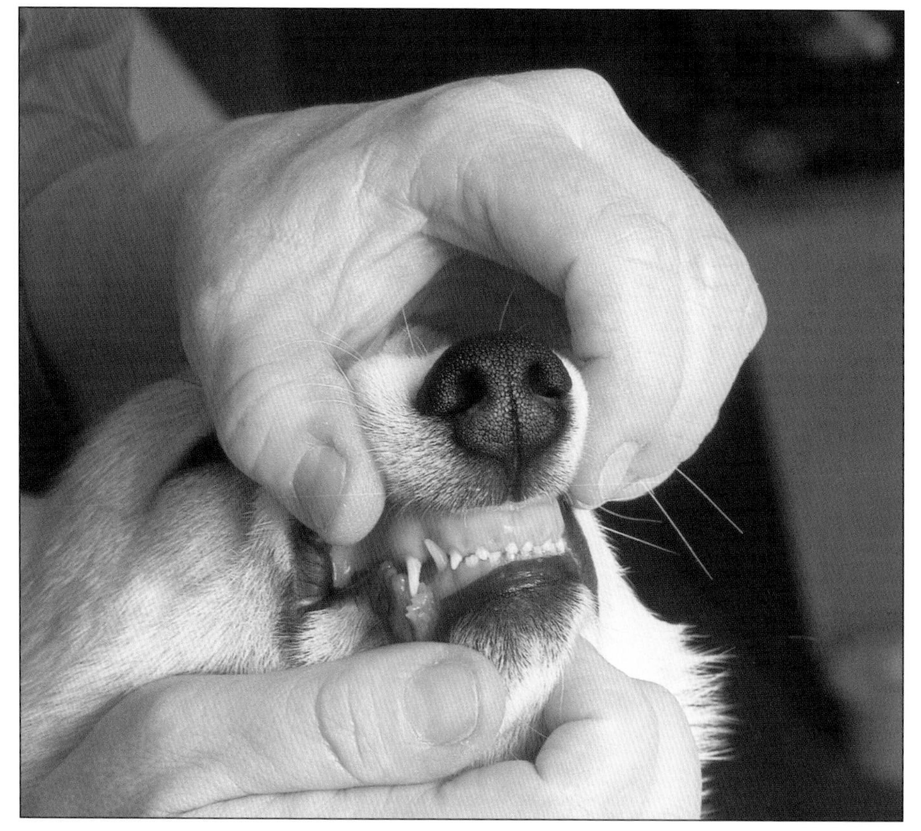

Es de esperar que haya prestado atención a la dentadura de su perro durante toda su vida. Una boca sana proporciona al perro anciano la ventaja de una buena salud general.

La mayoría de los perros llevan un estilo de vida normal y sano, y tienen unos propietarios que les quieren, tienen actitudes saludables y envejecen agradablemente y sin muchos problemas. Además, el proceso es más cómodo para el animal cuando los propietarios están atentos a los numerosos signos del envejecimiento.

SIGNOS DEL ENVEJECIMIENTO

A continuación, mostramos muchos de los cambios que aparecen en los perros a medida que envejecen. No todos los perros experimentan todos y cada uno de los cambios, pero podrá identificar los suficientes para reconocer el inicio de la ancianidad:

- El hocico del perro se vuelve gris.
- El tono de su ladrido varía de alto y claro a más suave y apagado.
- El pelaje se vuelve más seco y ralo.
- Bultos o llagas en la piel.
- Los ojos cambian de color.
- Pérdida de vista notable, o las pupilas no se contraen ante una luz brillante.
- Menor energía, se cansa con más facilidad.

- Los movimientos son más lentos y suelen provocarle dolor.
- Cambios en los patrones normales de micción y defecación.
- Moja la cama mientras duerme.
- Dificultades auditivas: su oído no es tan agudo, o parece no oír ciertos tipos de sonidos.
- Duerme más de lo normal y más profundamente, y le cuesta más despertarse.
- Jadeo, tos y/o babeo excesivos.
- Mal aliento y encías rojas, tumefactas o sangrantes.
- Cambios en el apetito o en los hábitos alimentarios.
- Bebe más o menos agua de la normal.
- Menos activo que durante los años previos.
- Ganancia o pérdida de peso inexplicable.
- Vómitos.

PROBLEMAS DE SALUD EN EL PERRO ANCIANO

Como ningún órgano corporal es una entidad aparte que no afecta al resto del organismo, los propietarios deben estar atentos a la salud y la condición corporal de sus perros ancianos siempre que valoren los asuntos relacionados con la educación básica o intenten readiestrar al perro. Por ejemplo, la enfermedad periodontal, que es un problema inflamatorio doloroso que afecta a las encías, envía bacterias dañinas a los riñones que, a su vez, pueden provocar infecciones renales. Estas infecciones pueden ser las responsables de que se den «accidentes» en casa.

Otros órganos vitales, como el corazón, los pulmones y el hígado, también se ven afectados por los problemas dentales y gingivales. De hecho, los perros de más de siete años pueden desarrollar variedad de problemas de salud, que suelen dar como resultado un mal control de la vejiga y los intestinos. Además, el uso prolongado de ciertos medicamentos puede dar lugar a problemas renales. Como consecuencia, tener un perro anciano requiere que el propietario tenga en cuenta ciertas cosas que no aplican en el caso de los cachorros y los perros jóvenes.

Su perro anciano seguirá siendo el mismo compañero cariñoso, y sólo quiere estar cerca de aquéllos a los que aprecia. Haga que sus años dorados sean felices.

EL MANEJO DE LAS NECESIDADES DE EVACUACIÓN DE LOS PERROS ANCIANOS

A medida que el perro envejece, el propietario debe ser más consciente de que el perro necesita evacuar con más frecuencia. Además, el propietario debe tomar nota de los cambios en los patrones de los hábitos de evacuación del animal. Por ejemplo, durante sus primeros ocho años de vida, mi Caniche Toy, Ginger, defecaba dos veces al día. Sus hábitos de evacuación estaban tan bien asentados que podía predecir con exactitud cuándo orinaría y cuándo defecaría. Sin embargo, a medida que empezó a envejecer, sus hábitos higiénicos cambiaron. A veces defecaba una vez al día y otras veces tres, y en ocasiones dos. Ya no podía predecir sus hábitos de evacuación. Ahora que tiene diecisiete años, toma tres comidas pequeñas diarias, ya que su sistema digestivo no puede tolerar una gran cantidad de alimento en una única comida diaria. Como consecuencia, defeca con más frecuencia, al igual que hacía cuando era una cachorrita que consumía tres comidas diarias.

Al tiempo que cambian los hábitos del perro, varían también sus señales para salir de casa. Ginger solía acudir y sentarse delante de mí para hacerme saber que quería salir a la calle. Ahora camina sin rumbo por la habitación, suele jadear y se pone nerviosa, como si no

Asegúrese de proporcionar un lecho cómodo a su perro anciano, ya que apreciará esta sensación mullida para sus huesos doloridos.

Muchos perros siguen siendo activos durante su ancianidad y disfrutarán con las mismas actividades compartidas con sus propietarios, incluso aunque sea a un ritmo más tranquilo.

supiera lo que quiere. De hecho, sus hábitos higiénicos se han convertido, para mí, como en un juego de las adivinanzas, y estoy constantemente alerta debido a sus necesidades, cada vez más frecuentes.

Al igual que hacía cuando era una cachorrita, Ginger me despierta con frecuencia por la noche para salir a la calle. Duerme en su jaula, al lado de mi cama, y me despiertan sus intensos jadeos y sus suaves gemidos. Sencillamente, la saco fuera de casa, hace sus necesidades y volvemos de inmediato a la cama hasta la mañana siguiente.

Puede que sean necesarias más atenciones veterinarias para mantener la calidad y la esperanza de vida del perro anciano. Además, su veterinario puede recomendarle una marca concreta de comida para mascotas y/o un suplemento dietético para su dieta habitual. Estos cambios en la dieta también pueden ayudar a que el perro anciano controle sus necesidades de evacuar.

Suelo pensar en lo parecidos que son los humanos y los perros. Empezamos la vida dependiendo de otros, que son los que nos cuidan. Mediada nuestra vida nos independizamos y podemos cuidar de nosotros mismos. Por último, llega la ancianidad y volvemos a necesitar cuidados y somos dependientes. El ciclo vital es muy parecido, tanto en el caso de los perros como en el de las personas. Los perros ancianos nos necesitan tanto en esta etapa como cuando iniciaron su vida. El perro anciano ha proporcionado a su familia muchos años de amor y devoción incondicionales, y ahora es el turno de que la familia esté al lado del perro.

Preguntas frecuentes y respuestas

Mi cachorrita orina en el suelo cada vez que alguien se agacha para acariciarla. ¿Cómo puedo evitar que lo haga?

Este comportamiento recibe el nombre de micción por sumisión. Es provocado por la relajación involuntaria de los músculos de la vejiga, y no por la necesidad del perro de evacuar. Suele darse en los cachorros, especialmente las hembras, y a veces en los perros adultos. El «accidente» no suele consistir en un gran charco, como cuando el perro vacía la vejiga, sino en unas pocas gotas de orina o un charco muy pequeño.

«¿Cómo puedo hacer felices a mis amos?» Es la pregunta que se hacen los cachorros con mayor frecuencia. Los perros quieren complacernos y, simplemente, debemos mostrarles cómo hacerlo.

Este comportamiento se da con frecuencia en los cachorros y los perros adultos sumisos. Es la forma que tiene la naturaleza de decir, cuando los perros se conocen, que ese animal no es dominante y no supone una amenaza. Si tiene la oportunidad de observar cómo se conocen dos perros y se estudian, quizás observe este comportamiento. El perro sumiso, además, echará sus orejas hacia atrás, bajará la cola y adoptará, generalmente, una postura de sumisión.

Mediante la determinación de quién es sumiso y quién dominante, la naturaleza asegura un encuentro pacífico y la conservación de la especie. Si, por ejemplo, todos los perros fueran dominantes, no habría sino un gran caos y peleas constantes por el dominio.

Desgraciadamente, muchos propietarios riñen al perro cuando se da esta micción por sumisión. En la mente del perro, este comportamiento provoca, por tanto, que el propietario preste atención al perro, y se crea un deseo de recibir más atención. El perro piensa: «Cuando orino, me prestan mucha atención, así que lo haré de nuevo». Desgraciadamente, esto es todo lo contrario a lo que quiere obtener del perro.

Antes de iniciar un programa para corregir esta situación, haga que el veterinario examine a su perro para asegurarse de que no haya una razón física por la que el animal tenga estos «accidentes». Cerciórese de decir al veterinario exactamente dónde y cuándo se producen estos problemas.

La solución, por tanto, consiste en restar importancia al accidente, apartar al perro de esa zona y hacer que centre su atención en algo agradable. Cuando el perro esté fuera de la zona en la que se ha producido el accidente, limpie la orina con unas servilletas de papel y luego lave el suelo con una mezcla de un poco de vinagre con agua jabonosa. Seque el lugar tanto como pueda con las servilletas. Además, hay productos comerciales que pueden usarse para limpiar estos accidentes y desodorizarlos. La mayoría puede adquirirse en tiendas de mascotas.

Para evitar que esto vuelva a suceder, desarrolle el hábito de no saludar al perro en absoluto. Cuando usted u otra persona entren en una habitación adquieran el hábito de decir algo así como: «Hola perrito. Vamos a la calle». A continuación, diríjase directamente hacia la puerta y llame al perro para que le siga. Póngale el collar y la correa y llévele a su zona de evacuación de inmediato.

Una vez que el perro orine en la zona correspondiente, podrá agacharse y saludarle del modo en que lo habría hecho al entrar a casa. Puede que esta rutina de ignorar al animal en primera instancia le lleve varias semanas, pero el perro acabará por aprender a controlar su vejiga y a no orinar cuando usted u otra persona entren en casa.

¡Se sentirá tan orgulloso de su perro limpio!

La norma fundamental para corregir la micción por sumisión consiste en hacer ver que no se ha dado cuenta y elogiar abundantemente al animal cuando orine fuera de casa. Cualquier tipo de reconocimiento, como que el perro le vea limpiar el charco o que le grite cuando haya orinado dentro de casa, provocará que estos accidentes se den con más frecuencia. Nunca permita que el perro le vea limpiando un charco de orina en casa, pero haga abundantes aspavientos alegres cuando su maravilloso y limpio animal orine fuera de su hogar.

Tanto mi marido como yo tenemos una rutina de trabajo impredecible, por lo que nunca sabemos cuándo podremos sacar al perro a la calle. ¿Qué

Para aquéllos con una agenda impredecible, la respuesta puede ser la educación básica dentro de casa, ya que el cachorro dispondrá de libertad para ir a su zona para evacuar y usarla siempre que lo necesite.

podemos hacer para asegurarnos de que el animal no orine ni defeque dentro de casa?

Existen dos respuestas, y la que aplique en su caso dependerá del tamaño de su perro. Si tiene un perro pequeño o mediano, puede adiestrarle para que use papel de periódico, colocándolo, preferiblemente, en el cuarto de la lavadora o en el lavabo. De este modo, el perro podrá evacuar siempre que sienta la necesidad, sin hacerlo en otras zonas de la casa. Sé de varios perros que evacuan fuera de casa por la tarde y los fines de semana, cuando sus propietarios están en casa y pueden sacarles a la calle. Durante el día, no obstante, esos perros usan el papel de periódico dentro de casa y nunca evacuan en las alfombras ni en otras zonas del hogar.

En la mayoría de estos casos, el propietario empezó a enseñar al perrito a hacerlo sobre papel cuando le trajo a casa. Luego, a medida que el cachorro empezó a crecer, el propietario sacaba al animal a la calle siempre que podía. Tras cada evacuación venían muchos elogios, hasta que el perro aprendió que hacerlo fuera de casa también estaba bien.

Por último, el propietario dejó el papel en su sitio, y el perro lo usaba cuando su amo estaba en el trabajo. Cuando el cachorro pasó a ser un perro adulto, el propietario no modificó la situación, y el perro se adaptó muy cómodamente a este hábito dual de evacuación.

Ahora tratemos sobre el perro de una raza de gran tamaño y sus necesidades. Adiestrar a un perro grande para que evacue sobre papel no es nada práctico. Un perro grande implica unos charcos y unas heces considerables, lo que hace que la limpieza dentro de casa sea algo bastante desagradable, por no decir que es francamente maloliente.

La segunda alternativa a este problema de los horarios laborales impredecibles consiste en pagar a alguien para que se acerque a casa y saque a pasear al perro al mediodía de cada día de trabajo. En el caso de un cachorro de menos de seis meses, el paseador de perros debería pasar por casa dos veces al día: una a media mañana y otra a media tarde.

A medida que el perro madura para pasar a ser adulto, puede aguantarse las ganas de orinar y defecar durante más tiempo. Un perro adulto parece adaptarse a los horarios de trabajo de su propietario y, probablemente, como pasa la mayor parte del día sesteando, no necesitará salir a la calle con mucha

Si su perro es adulto y tiene un accidente ocasional en su jaula, hágase las siguientes preguntas: ¿Tengo al animal encerrado en la jaula durante demasiado tiempo seguido? Cuando saco al perro fuera de casa, ¿se centra en evacuar, o está atareado buscando, olfateándolo todo y se olvida por completo de por qué está en la calle?

Esta es la razón por la que adiestrar al perro para que use una zona

Un perro no quiere ensuciar su jaula, pero no puede aguantarse eternamente.

Un perro grande implica unas evacuaciones grandes en lugares incorrectos si no se toma su educación básica en serio.

frecuencia. Así, no hay forma de predecir los horarios que su perro adoptará a medida que madure.

No importa con cuánta frecuencia saque a mi perro fuera de casa: orina en su jaula casi cada día. ¿Cómo puedo evitarlo?

En primer lugar, si su perro es un cachorro, los accidentes en la jaula suelen quedarse en eso. Posiblemente no le esté sacando a la calle lo suficiente, especialmente si todavía es joven. Los cachorros deben salir fuera de casa con frecuencia, ya que la musculatura de su vejiga no se desarrolla plenamente hasta los seis meses. Un cachorro debería ser sacado a la calle cada una o dos horas. Quizás le esté dando agua demasiado tarde por la noche, por lo que no podrá aguantarse hasta la mañana. Quizás le tenga encerrado en la jaula con excesiva frecuencia o durante demasiado tiempo seguido. Sea como fuere, el perro se está viendo forzado a orinar en su jaula, ya que no puede aguantarse el tiempo suficiente hasta que le saque a la calle.

La jaula es una herramienta utilísima para el éxito de la educación básica. Debe asentar una conexión positiva: cuanto más le guste a su perro su refugio, más se esforzará por mantenerlo limpio.

para evacuar es de utilidad: cuando el perro llega a este lugar, asume, automáticamente, que tiene que hacer sus necesidades. Una orden para que evacue, como «Hazlo», mantendrá a su mascota en el buen camino. Además, si charla demasiado con el perro mientras esté en ese lugar, no hará sino distraerle de lo que se supone que debería hacer. Después de darle la orden para que evacue, deje de hablarle y permítale concentrarse en lo que tiene que hacer. Una vez haya hecho sus necesidades, será el momento de elogiarle por haber sido un buen perro.

¿Tiene el perro más de siete años? A medida que el perro se vaya haciendo anciano, el funcionamiento de su vejiga empeora, y quizás necesite orinar con más frecuencia.

Cuando el perro tenga un accidente en su jaula, ¿cómo reacciona usted?: ¿Le grita, le castiga o le riñe de alguna forma? ¿Le saca fuera de casa y durante los siguientes minutos no deja de decirle: «¡Malo, te has meado en la jaula. Eres un perro muy malo!»?

Toda esta atención que le dedica no sirve sino para enseñar al perro que mojar su jaula le hará obtener muchas atenciones por su parte. Por supuesto que no le gusta que le regañe, pero eso es mejor que no obtener atenciones de ningún tipo. Así, continuará teniendo más accidentes que harán que se fije en él.

Lo que necesita es sacar al perro fuera, a su zona para evacuar, con más frecuencia. Si hace sus necesidades, elógiele profusamente y dígale lo maravilloso que es por hacerlas. No mencione su accidente ni su jaula. Cuando vuelvan a casa, mantenga al perro alejado de la jaula hasta que recoja sus excrementos, retire su manta manchada y coloque un lecho limpio. Asegúrese de usar un poco de vinagre y agua jabonosa para limpiar y así eliminar cualquier olor de orina en la jaula.

La próxima vez que le coloque en la jaula, dígale sólo palabras agradables y de ánimo (no le recuerde su accidente). Asegúrese de sacarle a la calle con más frecuencia, y, si es necesario, restrinja su consumo de agua a pequeños sorbos, en lugar de darle grandes cantidades de cada vez.

He visto que una vez que el hábito de evacuar en la jaula se asienta, es casi imposible eliminarlo. Mucha gente que trabaja de forma profesional con perros, dice que «una vez que un perro se vuelve sucio, será siempre sucio». Para evitar que esto le suceda a su animal, puede intentar comenzar desde el principio y readiestrarle como si fuera un cachorrito que necesita salir a la calle frecuentemente.

Otra solución al problema, que la autora ha usado con éxito, consiste en alimentar al perro en su jaula. Como, por naturaleza, los perros no evacuarán en el lugar en el que comen o duermen, convertir su jaula en el lugar en el que duerme y come, puede potenciar que haga sus necesidades en otro sitio, y no en la jaula. Si a eso le une no tener al animal encerrado en ella durante demasiado tiempo y sacarle a su zona para evacuar con frecuencia, habrá dado con la respuesta.

Recuerde que deberá ignorar siempre los problemas y reconocer un comportamiento correcto en el momento en que sea llevado a cabo. Como la mayoría de los perros tienen ganas de complacer a sus propietarios, este régimen animará al perro a buscar sus atenciones por un comportamiento deseable, en lugar de hacerlo por los accidentes, que no lo son.

Tanto mi marido como yo trabajamos fuera de casa, y nuestros dos hijos adolescentes llegan al hogar por la tarde antes que nosotros. Les pido que saquen al perro a la calle en cuanto llegan, pero a veces se olvidan y el perro evacua dentro de casa. ¿Qué puedo hacer para evitar los «accidentes» antes de que mi marido y yo lleguemos a casa?

Como no le puede comprar a su perro una vejiga más grande ni unos músculos más fuertes, centrémonos en el verdadero problema. ¡Lo que tiene que hacer es readiestrar a sus hijos! Los adolescentes pueden ser muy irresponsables, y los padres deben controlarles. Establezca como norma inapelable que deberán sacar al perro a la calle en cuento lleguen a casa. Sin excepciones. Eso significa que deberán sacarle antes de merendar, de llamar a sus amigos, de hacer los deberes, etc.

Si tiene un perro e hijos de la edad que sea, deberá educar a sus niños, además de al animal. Explique a los chicos que el perro ha estado tranquilo y, probablemente, durmiendo la mayor parte del día, mientras no había nadie en casa. Su vuelta a casa despierta al perro, y esto le hace darse cuenta de que necesita evacuar. Al igual que sus hijos, el perro también necesita un

Las atenciones positivas mientras el perro está en la jaula harán que éste se sienta parte de su entorno, y no aislado.

Recuerde que un cachorro ocupado es un cachorro feliz, así que asegúrese de que se mantiene ocupado de forma aceptable.

programa regular de actividades. Así, él depende de ellos para salir a su zona para hacer las necesidades tan pronto como lleguen a casa. Como los chicos llegan al hogar antes que usted y su marido, las necesidades del animal pasan a ser de su responsabilidad.

Una vez que los adolescentes adquieran el hábito de sacar al perro a la calle siempre, ya lo harán de forma automática, así que persevere y espere de ellos que compartan la responsabilidad que implica el cuidado de sus perros. Después de todo, es la mascota de la familia. Enseñar a los niños a asumir su parte de las tareas les ayudará a crecer y a ser adultos responsables y cuidadosos.

Se dispone de jaulas de alambre para que el perro haga ejercicio de distintas formas, tamaños y alturas.

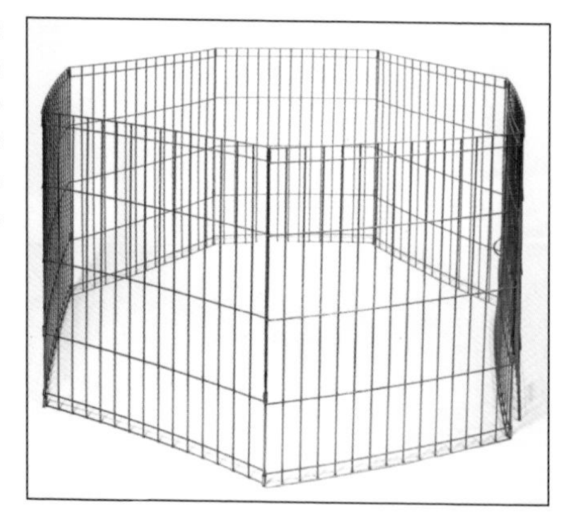

Vivo en una casa de tipo loft, sin divisiones entre las habitaciones, la cocina ni las salas, y tengo problemas para dejar al perro en una zona para aportarle su educación básica. ¿Cómo puedo controlar adónde va si no dispongo de vallas o puertas para detenerle?

Adquiera una jaula grande para hacer ejercicio (a veces recibe el nombre de jaula de exteriores). Se trata de una jaula que puede montar fácilmente en una habitación en cuestión de minutos. Es cómoda, segura, liviana y portátil. Las jaulas para hacer ejercicio suelen ser utilizadas por los *handlers* y los criadores cuando tienen que asistir a las exposiciones caninas, e incluso en casa, cuando tienen más perros que jaulas. Éstas controlan a sus animales, al tiempo que les permiten moverse y tener más libertad que en una jaula normal.

La mayoría de tiendas de mascotas disponen de estas jaulas de exteriores. También las podrá obtener en los catálogos de venta de productos para animales (postales o en Internet). Probablemente podrá encontrar algunos de estos catálogos en la consulta del veterinario, en la peluquería canina, en la escuela de adiestramiento, en el club canino o navegando por Internet.

Debido a su utilidad y durabilidad, las jaulas de exteriores tienen un precio asequible. Tienen variedad de tamaños y oscilan entre las de cuatro lados y las formadas por doce paneles. Por lo que respecta a la altura, las hay de 60, 90 y 120 cm. Por ejemplo, una jaula de exteriores de doce paneles de cualquiera de las tres alturas (dependiendo del tamaño del perro) proporcionará al perro una buena cantidad de espacio para moverse.

Suelen ser de alambre de un calibre de entre nueve y once, lo que hace que sean lo suficientemente resistentes, aunque lo bastante fáciles de plegar y trasladar de un lugar a otro. Como podemos dejarlas planas para guardarlas, suelen poder llevarse en cualquier maletero. Son ideales si se va de vacaciones o a visitar a amigos y familiares. Le ayudarán a controlar las actividades del perro en cualquier habitación de la casa mientras está ocupado con otras actividades.

Las jaulas de exteriores son ideales para los propietarios de perros con bebés y niños pequeños. El perro puede ver todo lo que sucede en su hogar, al tiempo que los niños permanecen a salvo de los dientes, los pies y las uñas del cachorro. El perro está a salvo de las manitas a las que les encanta tirar de las orejas y la cola, y meter los dedos en los ojos y la trufa, por no hablar de esos fuertes abrazos que pueden apretar demasiado al pobre perrito.

Resumiendo, las jaulas de exteriores son baratas y buenas para los perros, para usted, para su hogar y para su familia.

Tengo un Norfolk Terrier macho de siete meses. Es un perro maravilloso, pero a veces levanta la pata y orina encima de mí. ¿Por qué lo hace y cómo puedo evitar que lo haga?

Su perro no está orinando porque necesite vaciar la vejiga. Le está marcando como parte de su territorio. Está diciendo: «Me perteneces, y el resto de los perros deberán mantenerse lejos de ti». Si su perro no está castrado, estará produciendo hormonas que darán lugar a los rasgos masculinos en su comportamiento, como el marcado. Tiene siete meses, por lo que es un adolescente. Si el perro ha sido castrado y sigue marcando, o sigue teniendo hormonas en su organismo porque la castración ha sido reciente, o tiene una personalidad dominante que hace que sea asertivo, in-

Los Terriers son inteligentes, curiosos y están atentos, pero pueden ser obstinados en lo que respecta al adiestramiento.

Un Norfolk Terrier que hace sus necesidades donde debe, fuera de casa...

dependientemente de la producción de hormonas, puede que continúe haciéndolo.

Sea como fuere, deberá adiestrarle para que no levante la pata, excepto en las zonas permitidas. Para hacerlo, llévele a la zona donde hace ejercicio, dígale que evacue y elógiele abundantemente cuando lo haga. Luego váyanse de ahí y diríjanse a una zona que previamente estuviera prohibida.

Obsérvele cuidadosamente mientras empieza a olfatear el nuevo lugar. Justo antes de que empiece a levantar la pata, dígale: «¡No marques!», y dé un tironcillo de la correa hacia usted y aléjele de la zona que había despertado su interés. Cuando le mire y levante la cabeza del suelo, dígale que es un buen chico y aléjese con él.

Llévele a varios lugares en los que no hayan estado después de que se produjera el incidente. Cada vez que olfatee y se prepare para marcar un nuevo lugar, dígale: «¡No marques!». Asegúrese de elogiarle mucho cuando le mire y dé la vuelta alejándose de la zona que estaba explorando.

Siempre que empiece a olisquearle los pies, los tobillos o las piernas, obsérvele atentamente. Recuérdele el

«¡No marques!», y dé un pequeño tirón de la correa, para desviar su atención hacia otra cosa. Mientras empieza a desplazarse, dígale cosas como: «Vamos a ver a ese pájaro. ¿Dónde está tu pelota? Vamos a dar un paseo». Haga que piense en algo diferente en lugar de marcarle a usted o a otras cosas. Una vez aprenda a centrar su atención en actividades aceptables y que vacíe su vejiga en zonas destinadas a tal efecto, aprenderá a dejar de marcar.

Recuerde que una atención positiva por cualquier comportamiento hará que, probablemente, éste se repita, así que céntrese en las buenas acciones y sea breve y severo con las malas. Por ejemplo, estar paseando y dejar que el perro olfatee demasiado una zona sólo provocará que el animal lo haga todavía más. En lugar de ello, dé un paseo a buen ritmo y haga que no deje de caminar, y así no tendrá tiempo de olfatear y estar dispuesto a marcar. Jugar a cobrar un objeto y a explorar lugares nuevos sin marcarlos pueden ser experiencias positivas que sustituirán, de forma automática, al marcado. Estar atento a su perro cuando esté cerca de usted le proporcionará el tiempo necesario para evitar que le marque. Además, deberá vigilar al perro siempre que esté cerca de otras personas, ya que quizás intente marcarlas también.

Lo más importante es que debe eliminar el hábito del marcado en cuanto se dé cuenta de que está empezando. Cuanto más tiempo marque un perro, más difícil será modificar esa conducta en el futuro. Y nadie aprecia a un perro que no orina correctamente. Cuando piense en su perro y en su hábito de marcado, consuélese pensando que muchos perros son adiestrados para abstenerse de marcar, como los perros de asistencia y los perros policía, que son casi perfectos, y su perro también puede serlo. Un buen cálculo de los tiempos, la paciencia y los elogios solucionará su problema.

... es un perro limpio y con un propietario muy contento.

Tenemos un cachorro de Springer Spaniel de cinco meses que se llama Josh. Siempre le llevo a su zona para hacer sus necesidades. No obstante, mi marido se niega a hacerlo. En lugar de ello quiere pasear alrededor de la manzana con Josh. Dice que el perro debería poder ir a dar largos paseos o

A no ser que se encuentre en un jardín o en un recinto vallado, su cachorro debería pasear con la correa puesta. A su perro le encanta explorar el mundo exterior, y sin la correa puesta podría ponerle en peligro.

a correr con él, y que hacer ejercicio con él mientras es joven es mejor que ir siempre a la misma zona. ¿Quién tiene razón?

Su esposo tiene una idea admirable que es saludable para él y el perro. Sin embargo, la educación básica de un cachorro de cinco meses no debería incluir los paseos largos alrededor de la manzana. Un cachorro joven que esté explorando el mundo está tan ocupado olfateando y rascando que se olvida por completo de sus hábitos higiénicos. No obstante, al llegar a casa recuerda que necesita evacuar, así que va hacia una de las habitaciones y hace sus necesidades.

Después de pasar tiempo olfateando fuera de casa, el cachorro perdió el interés por hacer sus necesidades... hasta que volvió dentro.

Lo más probable, es que Josh olvide que sus largos paseos con su amo son, de hecho, paseos para evacuar. Como perro de caza, Josh está programado genéticamente para que le encante estar fuera de casa, y sus pensamientos se encaminarán a capturar y levantar cualquier cosa que se mueva. En otras palabras: eso no es exactamente lo que tiene pensado al iniciar un programa de educación básica.

Su idea de llevar a Josh a su zona para evacuar es la correcta para un cachorro de su edad. Asegúrese de hacer que las visitas a este lugar sean frecuentes y breves, y elógiele cuando evacue. El deseo de su marido de ir a dar largas caminatas y a correr se verá satisfecho muy pronto, pero ahora deberá tener un poco de paciencia.

Josh no debería dar paseos largos hasta que su cuerpo esté preparado para el esfuerzo físico que implican las excursiones y las carreras. Espere hasta que la osamenta del perro joven esté completamente desarrollada antes de pretender que lleve a cabo actividades más propias de un perro adulto. Lo más probable es que un Springer Spaniel alcance su pleno desarrollo óseo y muscular alrededor del año. El ejercicio excesivo antes de esta edad puede provocar daños óseos permanentes, así que entrénenle cuidadosamente.

Por último, las salidas a su zona para evacuar e ir a dar paseos (o a hacer otro tipo de ejercicios), son dos actividades distintas. Adiestrarle usando la secuencia correcta: usar primero la zona para que haga sus necesidades y luego dar el paseo dará lugar a un perro sano y en forma que habrá recibido una buena educación básica. Ésa es una combinación para tener una relación feliz y exitosa con su perro durante muchos años.

Siempre que grito a mi perro, se tumba de lado y orina. No dejo de decirle: «No orines», pero sigue haciéndolo. Desgraciadamente, evacua sin importar dónde esté (dentro o fuera de casa), y este hábito está destrozando mi alfombra. ¿Cómo puedo evitar este comportamiento?

Elevar, airadamente, el tono de voz está, obviamente, alterando a su perro. Reconoce su tono como nada amistoso, y le entra miedo. Probablemente sea un animal muy sumiso, y esta característica, junto con su expresión verbal al sentirse molesto, desencadenan su mecanismo de defensa.

Se ha visto que este comportamiento se da más en las hembras que en los machos. Es también bastante común en los cachorros, así que si su animal todavía es joven, existen posibilidades de que supere este hábito si lo maneja correctamente. Gritarle no resolverá el problema. Su perra se tumba de lado y orina debido al miedo. Esto, a su vez, hace que se enfade, y le grita. Esta reacción hace que todavía le tenga más miedo. En otras palabras, es un círculo vicioso, y seguirá así hasta que modifique su respuesta al comportamiento inicial que desencadenó todo.

Hay buenas noticias con respecto a este problema. Puede cambiar todo el escenario centrándose sólo en el comportamiento inicial que provocó que usted se enfadara. Debe dar con una forma mejor de tratar con su perro que elevar su tono de voz. Es obvio que son los gritos lo que hace que se abran las compuertas de la presa. Examine el comportamiento de su perro para determinar cómo sería mejor manejar cada situación sin elevar la voz. Aquí tenemos algunas formas más efectivas (y más tranquilas y secas) de responder ante muchos de los malos comportamientos comunes.

Pongamos, por ejemplo, que su perro es un cachorro y que le pilla mordisqueando un objeto prohibido, como un zapato o una silla. O quizás le cace robado servilletas o pañuelos de papel del cubo de la basura. Un hábito común de los cachorros consiste en coger la pernera de su pantalón y jugar al soga-tira con ella mientras los lleva puestos. Probablemente, su cachorro habrá descubierto que ladrar hace que los miembros de su familia le presten mucha atención, incluso aunque gran parte de ella sea desagradable. (Por lo

La posición con el vientre hacia arriba es la clásica postura de sumisión. Un cachorro que muestre este lenguaje corporal quizás tenga también tendencia a orinar por sumisión.

La potenciación de unos buenos hábitos también implica distraer al cachorro para que lleve a cabo un comportamiento correcto. Por ejemplo, cuando el cachorro mordisquee algo prohibido, dígale «No», aléjele de allí y ofrézcale un juguete para morder adecuado.

menos le prestan atención, y eso es mejor que ser ignorado.)

Estos comportamientos nada deseables, y otros, pueden darse en los perros adultos y los cachorros. Modificar la conducta haciéndola pasar de algo que no le gusta a algo aceptable es fácil si sabe cómo. En primer lugar, observemos la razón por la que comenzó este molesto hábito. Después nos dedicaremos a solucionarlo.

Los cachorros mordisquean porque les salen los dientes, y las encías les duelen. Morder y roer alivian el dolor de las encías. A veces, los perros adultos mordisquean objetos prohibidos porque están frustrados o nerviosos, especialmente cuando están solos en casa. Esto recibe el nombre de ansiedad por separación, y puede corregirse con ayuda de su veterinario o de un asesor especializado en el comportamiento animal (etólogo).

A los cachorros les encanta coger pañuelos y servilletas de papel, papel higiénico, zapatillas deportivas blandas, prendas de vestir, etc. Se irán corriendo a su lugar favorito y empezarán a mordisquear estos objetos robados. Responderá ante esta acción del cachorro gritándole «¡Para!», y le perseguirá por toda la casa para recuperar el objeto robado. Por último, castigará al animal por portarse mal.

La mayoría de estos comportamientos se dan cuando el perro decide que quiere que le preste atención. En otras palabras, es su forma de decir: «Quiero que te fijes en mí. Préstame algo de atención. Quiero que alguien juegue conmigo». Hasta hará cosas como jugar al soga-tira con sus pantalones y ladrar excesivamente para ganarse su atención, incluso a pesar del hecho de que son actos molestos. Ha aprendido que ser travieso es un método efectivo para obtener atención, incluso aunque no le gusten los aspectos negativos de la misma. Usted, a su vez, caerá en su trampa y le prestará atención con la esperanza de que deje de llevar a cabo el comportamiento no deseable.

El perro reconoce que su comportamiento atrae su atención, aunque sus respuestas provocan que pase miedo y se comporte de forma sumisa. A su vez, la sumisión suele comportar la pérdida del control de la vejiga de la orina, lo que da como resultado que el perro miccione dentro de casa.

Antes de iniciar un programa para corregir los malos hábitos de su perro, intente determinar por qué suceden en primer lugar. Hágase algunas preguntas: ¿Cuándo hace travesuras el animal? ¿Con qué frecuencia suceden? ¿Qué hacemos yo o los otros miembros de la familia cuando empieza el mal comportamiento? ¿Qué hace el perro justo antes de su mal comportamiento? Y, por último, piense en cómo responde al perro cuando lleva a cabo esta conducta incorrecta.

Dispongo de cinco pasos para modificar con éxito los malos hábitos y hacer que pasen a ser buenos. Aplicados cuidadosamente, pueden hacer que un perro que tenga la mala costumbre de orinar en lugares incorrectos pase a ser un animal alegre y con confianza en sí mismo que nunca orinará debido a la sumisión.

1. Anticipe cuándo está a punto de suceder el comportamiento incorrecto. Responder a las preguntas anteriores le dará pistas sobre lo que hace que su perro tenga un accidente.

2. Distraiga al perro haciendo que lleve a cabo alguna actividad que le guste. Dar un paseo, que le cepillen, jugar con un juguete y algunas caricias con un miembro de la familia son actividades que distraerán al animal del comportamiento no deseado y le proporcionarán las atenciones positivas que necesita. El secreto para la distracción exitosa consiste en que debe emplear la distracción antes de que inicie el mal comportamiento. Si intenta distraerle una vez muestre una conducta sumisa, no estará sino recompensándole por este hábito de tumbarse de lado y orinar.

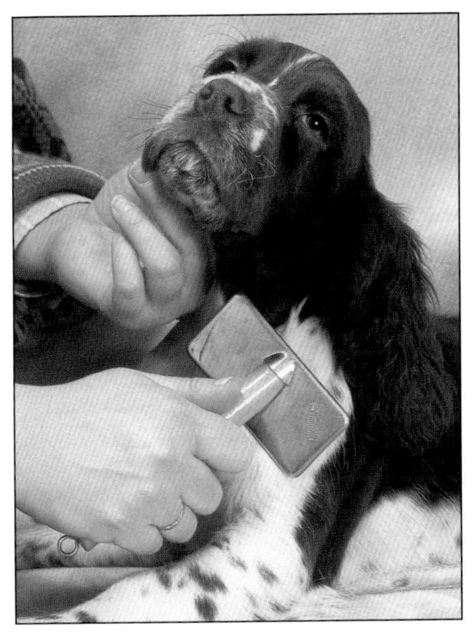

Puede distraer al cachorro de un mal comportamiento acicalándole. A muchos perros les gusta el estrecho vínculo que se da durante el acicalado.

3. Ignore los comportamientos no deseables. Proporcione sustitutos que reemplacen estas malas acciones. Si sabe, por ejemplo, que el animal pide que se le preste atención mientras usted cena, varíe las cosas y dele algo de tiempo, una galleta y un juguete en el interior de su jaula mientras disfruta usted tranquilamente de su comida.

Coloque la jaula en una habitación distinta a donde está cenando. No sólo podrá oírle, sino que podrá olerle a usted y a su chuletón. Si refunfuña y quiere salir y estar con usted en la mesa, haga ver que ni le oye. Recuerde, ignore su jaleo. Coloque una toalla encima de la jaula para hacer que su interior quede oscuro y que así acabe durmiéndose, en lugar de quedarse sentado, mendigando su cena y sus atenciones. Unas pocas noches igno-

La jaula debe ser el «lugar feliz» de su cachorro, y nunca la usaremos para castigarle, sino para moldear su buen comportamiento.

rando sus ruidos, y averiguará que sólo obtendrá atenciones cuando se quede tranquilo en su jaula.

Cuando haya acabado de cenar, sáquele de la jaula y elógiele abundantemente para hacerle saber que se ha portado muy bien. Además, puede llevarle a la cocina para darle una recompensa especial y así enfatizar lo contento que está porque se portó bien y guardó silencio mientras cenaba. Coloque una recompensa en su comedero.

4. Responda de inmediato ante cualquier signo de mal comportamiento. No espere a que el animal esté enfrascado en un mal comportamiento para detenerlo. En cuanto parezca que le va a robar el zapato, responda ante este intento cambiando su centro de atención. Proporciónele uno de sus juguetes para que juegue, en lugar de gritarle para que deje en paz sus zapatos. Recuerde que sólo podrá alterar la micción por sumisión al no gritarle.

5. Elógiele cuando actúe de forma positiva en una cierta situación. Esté presto para decirle lo complacido que está con su comportamiento. Por ejemplo, digamos que empieza a coger la pernera de su pantalón y a jugar al soga-tira. Distráigale con una pregunta: «¿Dónde está tu juguete?», o «¿Quieres salir?»

En el momento en que responda a su pregunta apartándose de su pata, hágale saber lo buen perro que es. Alejarse de su objetivo consistente en el soga-tira y haciendo que se centre en usted, hará que se gane su atención positiva, ya que no se enfadará con él. Si no actúa de forma negativa con él, no se tumbará de lado ni mojará el suelo. Es una situación que le asegurará el éxito.

Modificar un comportamiento molesto para transformarlo en una reacción positiva le llevará algo de tiempo. No sucederá en dos días, así que no espere milagros. Sin embargo, ser constante y elogiar los aspectos positivos de sus interacciones con su perro hará que, lentamente, pero con seguridad, se reduzca el número de veces que orine en casa y actúe con miedo.

Los psicólogos y los etólogos creen que la mayoría de los comportamientos no deseados de los perros están provocados por las personas. En la mayoría de los casos, los propietarios no saben cómo manejar los comportamientos no deseables de los perros, o responden de forma emocional, y no racional, ante los hábitos incorrectos o no deseados de su mascota.

Tomarse el tiempo para desarrollar una serie de pasos correctores que usar para el readiestramiento de su perro les acabará proporcionando unos resultados excelentes. Una vez haya dilucidado cómo manejará una cierta situación, use el programa con constancia y permita que una actitud positiva marque el camino de la modificación de la conducta de su perro. Creer que puede conseguir sus objetivos con respecto a su perro tendrá una gran influencia para conseguir un resultado exitoso.

No sea tímido al celebrar los éxitos de su perro: ¡adelante!, celebren una pequeña fiesta.

INDICE ALFABETICO